首阳教育书系

本书为河北省社科基金项目"一带一路"视阈下河北文化传播与形象建构研究（基金号：HB20XW010）研究成果。

互联网背景下
高校公共英语教学改革研究

王 蕾 著

陕西师范大学出版总社 西安

图书代号 JY24N2511

图书在版编目（CIP）数据

互联网背景下高校公共英语教学改革研究 / 王蕾著 .
西安 ：陕西师范大学出版总社有限公司，2024. 11.
ISBN 978-7-5695-5111-2

Ⅰ．H319.3

中国国家版本馆 CIP 数据核字第 2024UJ9782 号

互联网背景下高校公共英语教学改革研究
HULIANWANG BEIJING XIA GAOXIAO GONGGONG YINGYU JIAOXUE GAIGE YANJIU
王 蕾 著

出 版 人	刘东风
出版统筹	杨 沁
特约编辑	刘会娟
责任编辑	孙 哲 程 媛 刘 岩
责任校对	马文星
封面设计	知更壹点
出版发行	陕西师范大学出版总社
	（西安市长安南路 199 号　邮编　710062）
网　　址	http://www.snupg.com
印　　刷	三河市南阳印刷有限公司
开　　本	710 mm×1000 mm　1/16
印　　张	11.5
字　　数	230 千
版　　次	2025 年 6 月第 1 版
印　　次	2025 年 6 月第 1 次印刷
书　　号	ISBN 978-7-5695-5111-2
定　　价	60.00 元

读者使用时若发现印装质量问题，请与本社联系、调换。
电话：（029）85308697

作者简介

　　王蕾，女，硕士研究生，河北工程大学文法学院讲师。本科毕业于东北财经大学国际商务外语学院，国际商务英语专业；研究生毕业于上海大学文学院，主修国际政治。研究方向：英语教学和文化研究。主持过多项省级科研和教研课题，发表论文多篇，在省级教学大赛中多次获奖。

前　　言

　　互联网的逐步发展促使互联网思维在传统行业应用中进一步提升，互联网以全新的发展优势推进了各行各业的创新发展，其中也包括高等教育，尤其是公共英语教学。综观高校公共英语教学的发展历史，每一种教学理念、教学实践都与技术相关。互联网技术的每一次飞跃都深刻地影响和改变着高校公共英语教学，互联网技术在高校公共英语教学中的每一次应用都在不断扩展着高校公共英语教学的广度和深度。互联网背景下的高校公共英语教学正是深入贯彻国家教育政策要求、逐步凸显学生学习主体性的重要方式。互联网背景下高校公共英语教学改革研究的目的在于使高校公共英语教学适应互联网时代的发展需求，优化教学方式和教学资源，提高教学效果和质量，培养更多优秀的英语专业人才。

　　全书共七章。第一章为绪论，主要阐述了互联网的内涵、高校公共英语教学改革的历程、高校公共英语教学改革的新要求、互联网背景下高校公共英语教学改革的方向等内容；第二章为高校公共英语教学的基本理论，主要阐述了高校公共英语教学的基本关系、高校公共英语教学的基本原则、高校公共英语教学的基本目标、高校公共英语教学的基本思路等内容；第三章为互联网背景下高校公共英语教学的影响因素和存在的问题，主要阐述了互联网背景下高校公共英语教学的影响因素和互联网背景下高校公共英语教学存在的问题及其成因等内容；第四章为信息技术与高校公共英语课程的整合，主要阐述了信息技术与课程整合的理论、原则和方法，信息技术与高校公共英语课程整合的意义，信息技术与高校公共英语课程整合的重点，信息技术与高校公共英语课程的课内整合，信息技术与高校公共英语课程的课外整合等内容；第五章为互联网背景下高校公共英语教学方法的改革，主要阐述了高校公共英语教学方法概述、高校公共英语教学的常用方法、基于互联网的高校公共英语教学方法改革的必要性和策略等内容；第六章为互联网背景下高校公共英语教学模式的改革，主要阐述了高校公共英语教学模式概述、高校公共英语教学模式的常用类型、基于互联网的高校公共英语教学模式改革的重要性和策略等内容；第七章为互联网背景下高校公共英语教学评价的改革，主要阐述了高校公共英语教学评价概述、互联网背景下高校公共英语教学评价的原则、互联网背景下高校公共英语教学评价的方法等内容。

在撰写本书的过程中，笔者借鉴和吸收了许多前人的研究成果，参考了大量的文献资料。在此，谨向各位专家、学者和文献的原作者表示诚挚的谢意！

由于笔者的学识、时间和精力有限，书中难免有疏漏之处，敬请各位专家、读者不吝赐教。

目　　录

第一章　绪论 ……………………………………………………………… 1

　　第一节　互联网的内涵 ………………………………………………… 1

　　第二节　高校公共英语教学改革的历程 …………………………… 8

　　第三节　高校公共英语教学改革的新要求 ………………………… 15

　　第四节　互联网背景下高校公共英语教学改革的方向 ……………… 21

第二章　高校公共英语教学的基本理论 ……………………………… 27

　　第一节　高校公共英语教学的基本关系 …………………………… 27

　　第二节　高校公共英语教学的基本原则 …………………………… 32

　　第三节　高校公共英语教学的基本目标 …………………………… 39

　　第四节　高校公共英语教学的基本思路 …………………………… 43

第三章　互联网背景下高校公共英语教学的影响因素和存在的问题 ………… 47

　　第一节　互联网背景下高校公共英语教学的影响因素 ……………… 47

　　第二节　互联网背景下高校公共英语教学存在的问题及其成因 ……… 58

第四章　信息技术与高校公共英语课程的整合 ……………………… 68

　　第一节　信息技术与课程整合的理论、原则和方法 ………………… 68

　　第二节　信息技术与高校公共英语课程整合的意义 ………………… 77

　　第三节　信息技术与高校公共英语课程整合的重点 ………………… 79

　　第四节　信息技术与高校公共英语课程的课内整合 ………………… 82

　　第五节　信息技术与高校公共英语课程的课外整合 ………………… 85

第五章　互联网背景下高校公共英语教学方法的改革 ……………… 90

　第一节　高校公共英语教学方法概述 ………………………… 90

　第二节　高校公共英语教学的常用方法 ……………………… 93

　第三节　基于互联网的高校公共英语教学方法改革的必要性和策略 …… 109

第六章　互联网背景下高校公共英语教学模式的改革 ……………… 116

　第一节　高校公共英语教学模式概述 ………………………… 116

　第二节　高校公共英语教学模式的常用类型 ………………… 120

　第三节　基于互联网的高校公共英语教学模式改革的重要性和策略 …… 130

第七章　互联网背景下高校公共英语教学评价的改革 ……………… 153

　第一节　高校公共英语教学评价概述 ………………………… 153

　第二节　互联网背景下高校公共英语教学评价的原则 ……… 162

　第三节　互联网背景下高校公共英语教学评价的方法 ……… 166

参考文献 ……………………………………………………………… 174

第一章 绪论

互联网的逐步发展促使互联网思维在传统行业应用中进一步提升，互联网以全新的发展优势进一步推进了各行各业的创新发展，其中也包括高等教育，尤其是公共英语教学。互联网背景下，进一步探索高校公共英语教学的历程、要求以及改革的方向，不仅是互联网向教育领域的渗透融合，也是教育理念改革发展的方向之一。本章围绕互联网的内涵、高校公共英语教学改革的历程、高校公共英语教学改革的新要求以及互联网背景下高校公共英语教学改革的方向等内容展开研究。

第一节 互联网的内涵

一、互联网的概念与特征

（一）互联网的概念界定

互联网是计算机和通信产业在时代大发展下的产物。互联网的出现和发展不仅使得通信业产生了变革，同时也改变了人们的日常生活。在信息时代，社会的发展离不开互联网，互联网催生了新的生活方式和新的商业模式，未来社会的发展必然是基于互联网的发展。

互联网（internet）是由广域网、局域网及单机按照一定的通用协议组成的国际计算机网络。这些网络通过计算机信息技术手段互相连接，使得人们可以与远在千里之外的朋友相互发送邮件、共同完成工作、共同娱乐等。

（二）互联网的特征表现

互联网对人类社会的巨大影响不仅表现为信息的获取、处理与传递，还表现为构建在信息技术之上的新型产业形态、社会经济、社会思维、人际交往方式、生活方式和新型文化，它甚至催生了虚拟生活，引领人类进入一个全新的生活领域，让社会面貌及其存在形式发生了巨大的改变，从而焕然一新。对于互联网时代而言，这些改变与其所呈现的特征表现密不可分。

1. 互联网的开放性

互联网的开放性是其最根本特征。整个互联网就是建立在自由、开放的基础之上的，其作为一种"共有"的平台，面对任何群体开放，从而打破了交流在传统媒体时代中所受的身份、地位的桎梏。互联网是开放的，可以自由连接，而且没有时间和空间的限制，没有地理上的距离概念。20世纪90年代初期，超文本标记语言出现，改变了网络信息的传送方式。从那以后，在任何计算机的操作系统或浏览器上，所有文件都变得可读了。互联网的开放性使得信息的传播变得迅速且广泛，为个体的发展提供了可能。

2. 互联网的共享性

互联网的共享性就是以计算机等终端设备为载体，借助互联网这个面向公众的社会性组织，进行信息交流和资源共享，并允许他人去共享自己的劳动果实，是互联网技术的核心应用。互联网的共享性与开放性紧密相连。

3. 互联网的自由性

互联网的自由性特征源自互联网本身就是一个无国界的虚拟存在。在这个存在状态中，信息之间的传递是自由的，用户之间的言论互通是自由的，用户之间的使用状态是自由的。当然，这种自由性就是一把"双刃剑"，它衍生出了许多问题，因此网络世界参照现实世界，建立起了一套行为准则和价值标尺，这样一来自由也就具有了相对性，网民享受自由的同时，也需要承担和履行相应的责任和义务。

4. 互联网的虚拟性

所谓虚拟性，可以理解为技术让自然生活进入一个全新的世界，能够不再单纯依靠自然的力量，人类的思维和思想可以创造出理想的世界，真正进入"只有想不到，没有做不到"的全新时代，这是人化世界不断发展的结果。网络空间的虚拟性体现为空间虚拟、主体虚拟、客体虚拟、行为虚拟。这种虚拟世界的存在是无形的，它以知识、信息、消息、文字、图像、声音等作为自己的存在形式，而这些存在形式最终都归结为符号，因此与传统世界不同，网络世界的虚拟性是把现实生活中的各种身份、脸谱、场所等都模糊化、符号化和平等化。

二、互联网的发展

（一）互联网的由来

互联网的前身是诞生于 1969 年的美国军方的阿帕网。第二次世界大战结束后，全球政治格局迎来了美苏之间的冷战对抗。美国与苏联这两个超级大国在科技、军事、经济等多个领域展开了激烈的竞争。1957 年 10 月 4 日，苏联成功地将世界上第一颗人造地球卫星送入太空，这一壮举给美国带来了巨大的冲击。时任美国总统德怀特·戴维·艾森豪威尔（Dwight David Eisenhower）对此深感忧虑，担忧美国在全面竞争中的科技地位和国家安全。因此，他明确表示，必须将科学技术的发展与教育放在美国国家战略的重要位置，并将其确立为未来国家发展的首要任务。三个月后，艾森豪威尔总统积极行动，直接向美国国会递交了关于创建国防部高级研究计划局（ARPA，后简称"阿帕"）的提案。他的这一建议迅速得到了国会的积极响应和支持，国会迅速批准了 520 万美元的筹备资金，并设定了 2 亿美元的项目总预算，以确保该计划能够迅速启动并取得成功。

阿帕的办公室位于美国国防部的心脏地带——五角大楼内。其中，信息处理处是该项目不可或缺的核心机构，致力于计算机图形、网络通信和超级计算机等领域的深入研究。由于美国政府的重视和雄厚的预算支持，阿帕网项目迅速汇集了全球最杰出的科技精英，吸引了大批年轻的计算机天才。当时不到 30 岁的拉里·罗伯茨（Larry Roberts）被任命为阿帕网项目的负责人，后来他被誉为美国"互联网之父"。阿帕网项目的成功归功于这群充满活力和创新精神的年轻网络科学家。他们如同一群智者，以开放的思维相互碰撞，并迅速在关于互联网前身的项目上达成了共识：必须追求一种全新的、革命性的分布式架构，以颠覆传统的中心化模式。他们深知真正的智慧往往隐藏在简洁之中。最终，他们从渔民使用了数千年的渔网中汲取了灵感，决定采用分布式网络，让各种机器能够相互连接，而不是依赖中心节点的集中化管理，这一决定使他们在互联网领域独树一帜。阿帕网最初是在美国国防部高级研究计划局的主导下，为军事目的而建立的网络。随后，位于美国西南部的加利福尼亚大学洛杉矶分校、斯坦福国际咨询研究所（当时属于斯坦福大学）、加利福尼亚大学和犹他大学纷纷将自己的主要计算机接入阿帕网，从而扩大了其影响力和应用范围。

最初的阿帕网被控制在极小的有限范围之内，只是在上述四所美国大学设立了节点。随着时间的推移，阿帕网在短短一年内迅速扩展，节点数量增加至 15 个，并且越来越多的计算机被整合进这个网络。1971 年，阿帕网创造了历史，它成功传输了人类历史上的第一封电子邮件，这一创举为人类利用计算机终端进行人际交往奠定了基石。到了 1973 年，通过先进的卫星通信技术，年轻的阿帕网实现了跨越大西洋的壮举，与英国、挪威的网络相连，这标志着全球网络连接的序幕正式拉开。阿帕网在诞生之初，以科研为核心服务目标。1983 年，它采用网络通信协议——传输控制 / 网络协议（TCP / IP 协议），确保与互联网能够顺畅连接。其初衷在于为用户提供一个平台，使他们能够共享大型主机的宝贵资源。通过 TCP/IP 协议的普及和应用，网络上的信息可以顺畅无阻地统一传输，大大促进了信息资源的共享和交流。

国防部资助并推动的阿帕网中出现了一个不寻常的现象：大量与国防和军事项目无关的年轻科学家纷纷涌入。这种情况引发了美国军方对"军事机密泄露"和"网络安全问题"的严重担忧。于是，美国军方建立了自己的军网，并从阿帕网正式分离出来。因此，阿帕网的资金来源经历了一次转变，由美国国防部高级研究计划局资助转变为由美国国家科学基金会提供资金支持。于是，阿帕网正式更名为"互联网"，并逐步向社会开放。

1990 年 12 月 25 日，英国计算机科学家蒂姆·伯纳斯 – 李（Tim Berners-Lcc）通过他首创的万维网，实现了超文本传输协议（HTTP）客户端与服务器的首次互联。这一刻，真正商用的万维网诞生，并逐步演化成信息时代的基石。

在互联网创立的历史上，我们永远要记住两个人的名字——拉里·罗伯茨和蒂姆·伯纳斯 – 李。前者成功用互联网连接了不同的计算机，而后者则让计算机与全球每一个人产生了联系。令人惊讶的是，这两位杰出人物在崭露头角时，都恰好是 29 岁的大好年华。他们为互联网注入了创新的"血液"，证明了互联网是年轻人的创意领地，为其后续的发展注入了无限的活力。

（二）中国互联网的诞生

随着互联网逐渐深入社会各个层面，其在通信、信息检索及客户服务等领域的巨大潜能开始得到释放。越来越多的人选择互联网作为日常沟通与交流的平台。一些有远见的企业开始认识到互联网的商业价值，纷纷涉足其中，通过在互联网上开展丰富的商业活动，推动了互联网的飞跃式发展。这一变革不限于美国，而是逐步向全球开放。1986 年 8 月 25 日 11 时 11 分，由中国科学院高能物理研究所的吴为民从北京发给位于瑞士日内瓦的物理学家杰克·斯坦伯格 (Jack Steinberger) 的电子邮件是中国第一封国际电子邮件。中国科学院高能物理研究所的许榕生在谈及引进互联网的初衷时曾表示，中国科学院研究的高能物理数据、试验等科研项目需要进行数据国际共享，但由于距离问题，想要将所有相关专家都聚集在一起并不现实。很明显，电子邮件解决了这一问题。时任中国科学院副院长的胡启恒在回忆中国引进互联网的历程时提到，科学家出于对共享研究数据的迫切需求向中国科学院提出了引入互联网的请求。中国科学院迅速联合清华大学和北京大学展开研究，并达成共识，决定引进互联网。随后，中国科学院携手清华大学、北京大学向国务院递交了申请报告，表明他们计划实施"互联网引进"项目。然后，国务院批准了他们的建议。

20世纪90年代初，随着万维网的诞生，互联网技术逐渐融入普通民众的生活，计算机网络开始在世界各地普及。1994年4月20日，一条传输速率为64K的国际互联网专线成功跨越了辽阔的海洋，全面接入中国，中国成为全球第77个与国际互联网相连的国家。这一历史性时刻标志着中国国际互联网时代正式开启。

（三）中国互联网的发展

《中国互联网发展报告（2021）》（以下简称《报告》）于2021年7月13日在第二十届中国互联网大会上发布。《报告》显示，2020年，在国家战略的指引下，我国互联网产业实现了快速发展。网民数量显著增加，网络基础设施日益完善，产业数字化转型效果明显，创新能力持续增强，信息化发展环境不断优化，数字经济繁荣发展，网络治理日益完善，网络强国建设取得了巨大的进步。自20世纪90年代互联网进入中国以来，经过20多年的发展，我国的互联网基础设施不断完善，基础资源日益丰富。无论是硬件设备（如网络设备和光缆线路），还是软件资源（如互联网协议地址、域名、网页和国际出口带宽），都实现了快速增长，充分满足了互联网行业持续发展的需求。

我国的网络应用从即时通信到搜索引擎等基础应用，通过不断扩展功能，不仅用户基数显著增长，用户黏性也大幅提升。同时，商务交易、网络娱乐类应用不断创新，已经深深融入人们的工作、学习和日常生活。公共服务类应用的出现，极大地便利了人们的日常生活。在高新技术领域，我国积极推动人工智能、物联网、区块链等技术与互联网产业的融合，其在消费、生产、流通等领域的应用逐渐落地，有效推动了产业升级和效率提升。我国正积极推动各行各业的数字化转型，农业、制造业的数字化进程都在加快推进，服务业的数字化转型更是取得了显著的成效，为行业和企业带来了新的发展机遇。随着互联网的快速发展，个人信息安全问题也逐渐凸显。近年来，国家互联网信息办公室等部门加强了网络综合治理，逐步建立了完善的制度体系，网络安全防护能力也在不断提升。从我国互联网发展的全局来看，我们有理由相信未来我国数字化发展将会取得更加辉煌的成就。

2015年，国务院发布的《关于积极推进"互联网＋"行动的指导意见》明确提出：到2025年，"互联网＋"新经济形态初步形成，"互联网＋"成为经济社会创新发展的重要驱动力量。2017年10月发布的党的十九大报告指出，要推动互联网、大数据、人工智能和实体经济深度融合，在中高端消费、创新引领、绿色低碳、共享经济、现代供应链、人力资本服务等领域培育新增长点、形成新动能。2022年10月发布的党的二十大报告提到，要加快建设网络强国、数字中国；要推动制造业高端化、智能化、绿色化发展；要构建新一代信息技术、人工智能等一批新的增长引擎；要加快发展数字经济，促进数字经济和实体经济深度融合，打造具有国际竞争力的数字产业集群。

从狭义上来理解，"互联网＋"可以看成互联网融合传统行业领域并将其改造提升成具备互联网属性的新商业模式的一个系统过程；从广义上看，"互联网＋"对传统行业的这种改造过程不同于一般意义上的技术革命，它的两个关键词是"连接"与"融合"。"互联网＋"连接线上和线下的各种设备、技术和模式，既是政策连接，也是人才连接；既是技术连接，也是服务连接。各种连接形成互联网与传统产业融合发展的新生态链。"互联网＋"的出现不仅带来了许多新的商业模式和产业链条，也为社会发展带来了诸多优势。

第一，互联网充分发挥了信息对称优势，改变了人们获得信息的方式，降低了获得信息的成本。过去，时间、地点以及流程等信息的不透明导致了高成本高投入，而现在人们的任何问题、任何需求，都可以在互联网上找到答案、得到满足，信息获取更方便，成本更低。

支付软件把很多线下场景（如购物、理财）和线上连接起来，让商品种类和价格更透明；打车软件大大提升了乘客和司机的对接效率；房屋租赁软件用科学的方式去中介化，彻底打破了信息的不对称，真正做到了为客户服务。

第二，互联网改变了社交关系，尤其是随着移动互联网的发展，人们可以随时随地进行联系。互联网已成为消费者获得娱乐与信息的最有效渠道。同时，手机早已超越了它的沟通功能，集资讯和娱乐于一体。另外，服务方式彻底发生了变革，实现了在线化、移动化；用户能随时随地、简单方便、成本更低地获取服务；产业链上下游、同行从业者能发挥各自优势，共同为客户服务提供可能。企业可以了解消费者偏好以及由他们的数字媒体使用习惯所引发的需求，获取传统调研所无法得到的数据，从而给客户提供更有洞察力及影响力的策略和见解。

第三，互联网改变了人和物的关系。它能够使人和信息、物品在线，于是，整个社会资源配置更合理了，效能也达到最优化。互联网是一个化学反应，会带来新的产物，解决供需平衡的问题，这是一个质的变化。市场的一个重要功能就是配置资源，而市场配置资源的功能是通过平衡供求关系得以实现的。"互联网＋"的核心发展方向就是高效地整合资源，而这也是互联网的最大优势，不需要传统行业从业者改变原有的内部生产组织模式，可操作性很强。

互联网正在深深地影响着人们的生活，改变着人们的生活习惯。随着互联网的发展，人们的需求也在变化，人性化、智能化成为未来人们生活中的主要诉求。这些智能产品不再是一种科幻的想象，"互联网＋"通过大数据、云计算、智能识别等系统，让这些看似神奇的产品出现在人们的日常生活中。可以想见，未来互联网对人们生活方式的改变会更加深入、更加广泛。回想过去，想在上下班交通高峰期尤其是雨雪天打辆出租车可不是一件容易的事；而现在，打车软件让人们大呼过瘾，无论是下雨还是下雪，只要你拿出手机、滑动指尖，就可以等车到了再出门，不用在雨雪中忍受寒冷。打车软件为司机和乘客提供了直接对话的平台，大大缩短了乘客等候的时间。这样的改变显得格外温暖，格外人性化。除了人们日常生活中的出行方面，互联网还将人们的其他生活需求记录为数据，最终分析并形成结果，开发了各种软件，如预约上门做饭软件、预约美甲软件、预约看病软件等。

"互联网＋"衍生出的商机无处不在。互联网是一个平台，是每个人都可以借助其庞大的资源规模和快速高效的信息沟通优势，进行资源整合和跨界合作的开放式平台。传统时代，某一行业的从业者可能只掌握单一的专业知识，而在"互联网＋"时代，通过互联网平台资源，他们将掌握更多的知识，并利用互联网移动端工具进行跨界整合，不必依赖大规模的固定投入，就可以形成以市场需求为导向的生产供给，提供更丰富、更便利、更低廉、更优质的商品和服务。

"互联网＋"代表了一种新兴的经济形态，它充分凸显了互联网在生产要素分配中的关键作用，将互联网的创新成果深度融入社会的各个领域，有效地推动了各个行业的创新能力和生产效率的提升。有人形象地形容："互联网＋"为我国经济发展插上了腾飞的翅膀。未来，"互联网＋"的深度会增加，辐射范围将越来越广，将成为产业创新、经济社会大发展的摇篮。

第二节　高校公共英语教学改革的历程

随着我国各行各业与国际社会的交往日益频繁，我国高校公共英语不能再像过去那样固守传统的教学模式，沿袭一贯的课程体系，而要做出调整，高校公共英语教学的改革势在必行。

一、高校公共英语教学总体的改革历程

（一）高校公共英语教学的起源与探索阶段

1949年中华人民共和国成立后，我国的高等外语教学主要工作中心在俄语教学上。到1952年院系调整时，全国仅剩几所院校开设英语系。一直到1956年，中央发现1952年的院系调整过度减少了公共英语教学的覆盖率，其结果不利于吸收发达国家的科学技术和发展同西方发达国家的友谊。于是，同年教育部颁布了第一部《高级中学英语教学大纲（草案）》，决定扩大公共英语教学的覆盖率，于是高中英语课教学面得到扩大。1964年，教育部将英语列为第一外语，高等院校（特别是综合院校和师范院校）英语专业陆续恢复或增设，高校公共英语教学秩序也得到恢复。

1978年，党的十一届三中全会作出了实行改革开放的重大决策，英语受到了越来越多的重视，高校公共英语教学工作逐步走上正轨。国家教委于1985年和1986年先后颁布了《大学英语教学大纲（高等学校理工科本科用）》和《大学英语教学大纲（高等学校文理科本科用）》，确立了大学英语作为公共必修课程的地位，并规定学生在修完大学英语课程后要参加全国统考。这两份教学大纲体现了科学性、先进性、实用性、灵活性等特点，进一步规范了高校公共英语教学。自此，我国高校公共英语教学进入了一个有文件指导和约束的稳步发展时期。

（二）高校公共英语教学的规范与发展阶段

统一的教学大纲颁布以后，我国高校公共英语教学有了明确的奋斗目标，开始走上了有纲可依的规范化发展道路。以教学大纲为依据，《高校英语（文理科本科用）》（上海外语教育出版社1986年出版）、《新英语教程》（清华大学出版社1987年出版）、《大学核心英语》（高等教育出版社1987年出版）等符合我国公共英语教学实际的教科书陆续出版，并在实践中不断改编、修订，逐步

受到了国内高校教师及学生的青睐，成为我国此阶段高校公共英语主要使用的教科书。

（三）高校公共英语教学的调整与改革阶段

随着高校公共英语教学的发展，原有的教学大纲已不适合时代发展的需求。一方面，随着教学秩序的恢复、教学制度的完善、教育环境的稳定，我国小学、初中和高中的教育都获得了较大发展，英语更是受到了前所未有的重视，部分发达地区和大城市甚至从幼儿园就开始开设英语课，社会办学的英语辅导班、兴趣班也得到了迅速发展，其结果之一便是大学新生的英语水平较以往有很大提升，原有的教学大纲已不再适合新入学的大学本科生。另一方面，随着改革开放的深入和我国加入世界贸易组织，社会上对外语人才的需求急速增长，对应届大学毕业生的外语应用能力也提出了更高的要求，原有教学大纲已落后于时代需求。

与此同时，为了满足时代需求，大学英语四、六级考试自1999年5月起在部分城市开始加入口语测试，以期全面提高学生的英语应用能力。口语考试的推行，使四、六级考试进入一个相对完善的新阶段；四、六级考试可以对学生的听、说、读、写、译等各项技能进行全面、客观、准确的评价，这在很大程度上推动了高校公共英语教学改革。

（四）高校公共英语教学的提高与深化阶段

随着互联网的快速发展，传统的教学方式已无法满足当代教育的需求。因此，高校英语教师要深刻认识到改革与创新公共英语教学的重要性，并充分利用新媒体的特性来弥补传统教学的不足。在实际教学过程中，教师应根据学生的具体情况设计有效的教学策略，注重教学手段和内容的创新，以激发学生的学习兴趣。通过结合新媒体技术手段，教师可以在原有教学模式的基础上进行创新，利用多媒体为学生营造生动的教学情境，使学生更好地融入课堂，提高公共英语教学的效率。此外，教师还可以利用多媒体拓展学生的思维，提供更多独立思考的机会，并通过小组讨论等方式加强学生间的互动与交流，为学生创造优质的学习环境，让他们享受新媒体教学带来的乐趣，从而将注意力集中于英语学习之上。

过去的高校公共英语教学往往依赖于传统的灌输式教学法，教师占据课堂的主导地位，而学生则处于被动接受的状态。这种教学方式过于机械、缺乏趣味性，导致学生逐渐失去对英语的兴趣。此外，这种方式还限制了师生之间以及学生之间的交流，使得教学效果不尽如人意。然而，随着新媒体时代的来临，新媒体在教学中的地位日益凸显，不仅拓宽了学生的知识获取途径，还使英语学习内容变得更为丰富多彩。在这一背景下，教师需要调整自己的教学理念，重视公共英语教学的改革与创新，特别是实践教学环节。为此，高校可以考虑采用主动式实训教学法，这种方法更加注重实践教学，有效地弥补了传统教学过于注重理论而忽视实践的不足。主动式实训教学不仅可以实现理论教学与实践教学的紧密结合，还能有效提升学生的综合应用能力，充分发挥英语学习的实用价值，进而促进公共英语教学质量的整体提升。

二、高校公共英语教学各方面的改革历程

下面分别从公共英语教学的不同方面——教学大纲、教学材料、课程设置，对高校公共英语教学改革的历程进行分析。

（一）教学大纲的改革

英语教学大纲不但体现了教育管理机构或部门对英语课程的基本要求，而且体现了一定的教育理念、教育思想，同时反映了颁布者（或起草人）的教育观。1985 年我国公布统一的高校英语教学大纲后，随着我国高校公共英语教育的蓬勃发展，高校英语教学大纲以及要求也不断进行着更新、修订，对规范高校公共英语教学、保证公共英语教学质量、实现公共英语教学目标、推动公共英语教学改革都起到了非常重要的规范和指导作用。受时代发展特点的限制，中华人民共和国成立后的第一份高校英语教学大纲以阅读为主，教学内容以科技英语为主，而且教学目标只是为学生打下初步的"语言基础"。随着社会的不断发展，后来的高校英语教学大纲发生了很大变化，不仅教学内容更加多元化，教学难度也有所提升。

从 2007 年颁布的《大学英语课程教学要求》（以下简称《课程要求》）可以看出，相对于最早的英语教学大纲来说，《课程要求》所提要求的范围进一步扩大。具体来说，《课程要求》主要从一般要求、较高要求和更高要求三方面对英语教学制定了不同的目标。针对词汇教学，大纲设定了不同层次的要求：一般来说，学生应掌握 4795 个单词和 700 个词组，这其中包括了中学阶段需要掌握的词汇；若要达到较高的水平，学生则需要掌握 6395 个单词和 1200 个词组，这一要求涵盖了中学阶段以及一般要求所需的词汇；而对于那些追求更高标准的学生，他们需要掌握 7675 个单词和 1870 个词组，这一要求包括了中学、一般要求和较高要求所需的词汇，但不包括专业词汇。在阅读教学方面，《课程要求》提出了一般要求：学生能够基本读懂一般性题材的英文文章，并且阅读速度应达到每分钟 70 个单词；而在快速阅读篇幅较长、难度略低的材料时，阅读速度要达

到每分钟 100 个单词；能就阅读材料进行略读和寻读；能借助词典阅读本专业的英语教材和题材熟悉的英文报刊文章，掌握文章大意，理解其陈述的主要事实和细节。《课程要求》还对阅读理解能力提出了较高要求：能基本读懂英语国家大众性报刊上一般性题材的文章，阅读速度为每分钟 70～90 词；在快速阅读长篇且难度适中的材料时，阅读速度能提升至每分钟 120 词；能够阅读所学专业的综述性文献，并能正确理解中心大意，抓住主要事实和有关细节。阅读理解的更高要求：能够读懂有一定难度的文章，理解其主旨及细节；能阅读国外英语报刊上的文章；能够顺利阅读所学专业的英语文献和资料。

综上所述，《课程要求》在内容要求上不再是单一性目标，而是对英语综合应用能力的全面要求。《课程要求》在一般要求、较高要求、更高要求三个层次中，都详尽细致地描述和规定了对听力理解能力、口语表达能力、阅读理解能力、书面表达能力和翻译能力的要求，均体现了高校公共英语教学要求从单一到多元的转变。

（二）教学材料的改革

按照大学英语教学发展的时代背景以及教学材料（以下简称"教材"）自身的发展，我们把大学英语教材的改革发展历程划分为四个阶段，这四个阶段产生的英语教材称为四代教材。

1. 第一代大学英语教材

第一代大学英语教材主要指 1949 年到 1966 年编写的教材。本阶段教材的内容偏重科技英语，教法传统，以语法为纲，以课文为中心，这与当时的英语教学大纲极为相符，即"为学生今后阅读本专业英语书刊打下较扎实的语言基础"。可见，1949 年的大学英语教学的目的主要是培养学生的阅读能力，这也是第一代大学英语教材的一大特点。

2. 第二代大学英语教材

第二代大学英语教材是指 1977 年至 1985 年期间编写的大学英语教材。1980 年《英语教学大纲（高等学校理工科本科四年制试用）（草案）》（以下简称《英语教学大纲（草案）》）的起草与制定，使得当时的大学英语教材编写工作有章可循。因此，此阶段编写的大学英语教材都较好地贯彻了大纲对阅读能力等的教学要求。尽管第二代大学英语教材在很多方面均取得了一定突破，但也存在局限性。第二代大学英语教材很明显地沿袭了第一代大学英语教材的诸多特点，如课程的编排依然围绕阅读能力的培养，其他能力也是围绕着培养阅读能力而展开的，在内容的选材上仍然以科技题材为主，教学目标依然是培养学生阅读本专业的科技书刊。即便如此，第二代大学英语教材中的惊喜也是不可否认的。1978 年教育部在北京召开了第一次全面规划和研究外语教学的全国外语教育座谈会。会上提出的《加强外语教育的几点意见》对教材建设与规划作了明确指示：各类通用语种的外语教材均应组织统编或委托有关院校主编，由教育部组织的外语教材编审小组审查通过。此外，可以在教学中同时选用国外教材。之后，第二代大学英语教材开始呈现一番新气象，如引进了一些国外的英语教材；选材上也更强调课文语言地道、自然[①]；教学目的、教学要求也有所改变，不再局限于阅读能力的培养，而注重在基础阶段进行适当的听、说、读、写的综合训练，以便使学生更好地掌握和运用所学知识，从而提高阅读能力。

3. 第三代大学英语教材

第三代大学英语教材是指 1986 年至 2000 年出版的大学英语教材。这一时期的英语教材出现了两个出版高潮。1986 年至 1988 年出现了第一个高潮，这三年中先后出版的大学英语教材在之后的 10 到 20 年间都有着重要地位。其中，由复旦大学董亚芬主编的《大学英语（文理科本科用）》就是一本典型的教材。该教材在 1992 年获得了全国高等学校第二届优秀教材特等奖、国家教委高等学校第二届优秀教材一等奖，是当时唯一获得特等奖的外语类教材。另外，上海交通大学杨惠中、张彦斌主编的《大学核心英语》等也是第一个出版高潮中较为前沿的大学英语教材。1999 年和 2000 年出现了第二个出版高潮。本阶段影响较大的教材有著名翻译家、复旦大学教授翟象俊主编的《21 世纪大学英语》、浙江大学应惠兰主编的《新编大学英语》、高等教育出版社出版的《大学核心英语》（第三版）、清华大学出版社出版的《新英语教程》（第三版）等。

总之，第三代大学英语教材是承前启后的，其质量得到了前所未有的提升。"承前"指第三代大学英语教材继承了前两代大学英语教材编写的优点；而"启后"则是指第三代大学英语教材在前两代大学英语教材的基础上有所突破，对之后乃至 21 世纪的教材编写工作有着较大的指导和规范意义。

4. 第四代大学英语教材

自 2001 年起至今，第四代大学英语教材陆续问世，其中最具代表性的包括上海外语教育出版社 2001 年推出的《大学英语》（全新版），该书以其独特的

---

① 董亚芬.《大学英语（文理科本科用）》试用教材的编写原则与指导思想［J］. 外语界，1986（4）：20–24.

教学理念和丰富的内容引领了这一时期英语教材编写的新潮流。此外，2002年外语教学与研究出版社的《新视野大学英语》和高等教育出版社的《大学体验英语》也备受瞩目，它们以实用性和创新性为特点，为公共英语教学注入了新的活力。进入2003年，清华大学出版社的《新时代交互英语》以其前沿的交互式教学设计，为英语学习带来了更加直观和高效的学习体验。2004年，北京大学出版社的《大学英语立体化网络化系列教材》通过立体化和网络化的教学手段，为高校公共英语教学提供了更加丰富多样的教学资源。2005年，外语教学与研究出版社的《新编大学英语》（第二版）也凭借其全面升级和更新的内容，进一步满足了现代公共英语教学的需求。上海外语教育出版社在2007年推出的《新世纪大学英语系列教材》以其前瞻性和创新性，为大学英语教育带来了新的发展方向。这些教材共同构成了第四代大学英语教材的核心阵容，为推动高校公共英语教学的改革和发展做出了重要贡献。

现阶段，随着我国对外开放程度的持续加深，国际交流变得日益密切，社会对高校公共英语教学目标的期待也在不断更新。为了满足这些新的期待与需求，大学英语教材作为实现教学目标的核心工具，也在不断地调整和完善。与此同时，随着学习化社会和信息化社会的不断发展，大学英语教材的现代化改革显得尤为重要，新型教材也应运而生。

相较于过去任何时候的教材，现在这批教材都有着显著的不同。首先，它们无一例外地融入了现代化的教育技术，以多媒体设备和计算机网络为支撑，构建了一个全方位的教材体系。这个体系不仅包括纸质教材，还涵盖了教师电子教案、学生自主学习课件以及与之配套的学习软件系统。其次，为了协助大学英语教师更好地理解各教材的编写思路、设计框架以及学习软件系统的制作方法和使用技巧，这些教材出版社在每年的暑期都会为使用其教材的大学英语教师提供教材培训。最后，出版社还根据各学校使用教材的情况，每年给予学校一定的科研活动经费，让其开展教学研究。

（三）课程设置的改革

关于大学英语课程设置的改革历程，我们将其归纳为以下四个阶段。

1.初始阶段，强调基础

本阶段是指1962年到1984年之间的课程设置情况。由于中华人民共和国成立之初各院校均注重俄语教学，所以公共外语课程在当时都统称为"高等俄文课"。直到1956年，高校才纷纷开设公共英语课程。20世纪60年代后，选择公共英语作为选修课的学生人数大量增加。1962 年，一个针对工业学校本科五年制学生的《英语教学大纲（试行草案）》由教育部正式颁布实施。其目的是"为学生今后阅读本专业英语书刊打下扎实的语言基础"。1966 年到 1977 年间，我国外语教学基本处于停滞状态。总之，改革开放前，多数学生都认为大学英语课程只是大学的一门选修课而已，看不到或很少看到英语对他们今后工作有多大帮助，所以学生的学习积极性并不高。

1978 年之后，党中央陆续召开了多次外语教育工作会议和座谈会。在 1978 年的全国外语教育座谈会上，中国无产阶级革命家、党和国家的优秀领导人廖承志首次提出了大、中、小学外语教育的计划，并强调了外语教育的重要性。1979 年，教育部还印发了全国外语教育座谈会的纪要《加强外语教育的几点意见》（以下简称《意见》）。《意见》的第一条明确指出，必须加强中小学的外语教育，还强调外语课是一门重要的基础课程，三五年内城市中学要普遍开设，有条件的城市要在小学开设。第二条提出，要大力办好高等学校公共外语教育，要增加高校外语课时。1979 年冬季，在《意见》的要求下，受教育部的委托，清华大学、北京大学等多所高校联合起草、制定了《英语教学大纲（草案）》，并于 1980 年顺利通过。《英语教学大纲（草案）》同样过于强调英语基础的重要性，而忽视了实践的重要性。

2. 分类指导，分级教学

全国外语教育座谈会纪要指出，要努力加强中小学的外语教育，特别是将外语看作与语文、数学一样重要的基础课程。这一重大决策使当时的全国高考外语成绩开始按 10% 的比例计入高考总成绩，并在之后的三年中相继提高至 30%、50% 和 70%。直到 1983 年，高考的外语分数开始按 100% 计入总成绩。对中小学英语教学的重视和加强使高中毕业生的外语水平得到了显著提升。为了适应这种新的形势，1982 年教育部组织召开了高等院校公共英语课教学经验交流会，会议组建了教学大纲修订组，决定对大纲进行调整。

由于我国大学英语理工科和文理科的公共英语教学情况、教学目标和教学要求都有所不同，所以大纲的起草就要从两个方面考虑，即针对理工科的大学英语教学大纲和针对文理科的大学英语教学大纲。国家教委分别于 1985 年和 1986 年颁布了《大学英语教学大纲（高等学校理工科本科用）》和《大学英语教学大纲（高等学校文理科本科用）》。在这两份教学大纲的指导下，高校公共英语课程实行分类指导、分级教学。

3. 统一大纲，统一考试

1987 年，全国统一的大学英语四、六级考试正式开始实行，从而推动了高校公共英语课程建设与教学改革。

1999 年，教育部颁布了《大学英语教学大纲（修订本）》。它将 1985 年和 1986 年的两个教学大纲合二为一，取消了理工科和文理科分类，在全国提出了统一的教学目标和教学要求。它强调阅读为第一层次要求，培养一定的听、说、写、译能力为第二层次要求，还规定大学英语四级是全国各类高校均应达到的基本要求。这为高校公共英语课程指明了方向。

4. 听说领先，计算机教学

2002 年至今，我国高校公共英语课程设置的基本情况：听说领先，计算机教学。本阶段发生了一次高校公共英语教学改革。与之前相比，本次改革在培养目标上发生了较大变化。

2004 年，教育部正式印发了《大学英语课程教学要求（试行）》。该要求具有两大特点。

一是首次以大纲的形式强调听、说能力的培养。具体内容：以培养学生的英语综合应用能力为目标，特别要培养学生的听、说能力，使他们在今后工作和社会交往中可以用英语有效地进行交流，同时增强其自主学习能力，提高综合文化素养，以适应我国社会发展和国际交流的需要。

二是改变了传统的高校公共英语教学模式。该要求提出，要充分利用现代信息技术，采用基于计算机和课堂的英语教学模式，改进以教师讲授为主的单一教学模式。另外，各高校还要建立互联网环境下的听说教学模式。在各高校的英语教学目标和教学模式都发生一定变化的情况下，高校公共英语教学的内容和课程设置也受到了影响。

第三节　高校公共英语教学改革的新要求

一、着眼于人的发展

（一）着眼于人的全面发展

高校公共英语教学的首要定位就是人的教育，高校公共英语教学的首要要求也应当是人本主义。教师要时刻以学生为中心，充分发挥学生的主体作用，注重学生的全面发展，使他们具备持续学习的能力，从而为其终身学习打下良好的基础。因此，当代高校公共英语教学要求学校和教师要着眼于学生的全面发展。要促进学生的全面发展，仅靠帮助学生掌握英语知识是远远不够的，还需要注重培养学生的社会责任感、积极的情感、严谨的治学态度等，因为这些因素对学生的英语学习也有重要的影响。这就要求教师在公共英语教学中尊重学生，做到以人为本。具体要从以下几个方面着手。

1. 承认学生之间的差异性

首先，必须承认学生之间是存在差异的，每个学生都有其独特的个性。学生的类型不同，其学习特点也存在差异。所以，教师应该为他们提供与实际需求相符的学习指导，同时也为他们提供平等的学习机会。教师在教学中应该具体问题具体分析，做到因材施教。有的学生擅长口头表达，有的学生则擅长书面表达，有的学生擅长阅读思考，而有的学生则擅长记忆单词。因此，一名优秀的英语教师应该在教学中根据学生的具体类型和特点对其进行具体的指导。

2. 相信学生的潜在能力

教师应该坚信，每一个学生都具有极大的学习潜能，每一个学生也都有其自身独特、丰富的内心世界。在科技与网络高度发达的今天，学生在很多方面都比以往更独立，其对许多问题的思考也更为独特。因此，教师应该多与学生沟通、交流，使学生能够将教师视为朋友。同时，教师也能在与学生平等相处的基础上，不断了解学生的想法，进而改进自己的教学方法，以便更好地挖掘学生的发展潜能。这样，高校公共英语教学改革也会卓有成效。

3. 发挥学生的主体作用

学生主体是指自主、能动地参与教学活动的学生个体。在高校公共英语教学中，教师要尽量做到为每个学生创造良好的环境，确保每个学生能够参与到活动中，让学生在活动中不断地培养和发展自主性、能动性和创造性。

4. 营造和谐的课堂氛围

要顺利地实施情感教学，营造和谐的课堂氛围是较为关键的层面。课堂教学实际上是交际的过程，如果课堂气氛和谐，交际就会有效；如果课堂气氛不和谐，交际就会无效。营造和谐的课堂氛围有赖于以下三个因素。

（1）提倡宽容的态度

英语毕竟是一门外语，因而学生在学习英语时犯错在所难免。有些教师在教学中过于强调语言的精确性，久而久之，学生便产生了畏难情绪，对英语学习提不起兴趣，那么英语课堂氛围沉闷也就可想而知了。改革背景下的高校公共英语教学提倡教师以宽容的态度对待学生，即教师应该引导学生多应用英语，对于某些无关紧要的问题不必有错必纠。

（2）改善师生关系

要创造和谐的课堂氛围，一方面，教师要热爱自己的学生，给学生创造更多平等的机会；另一方面，教师要坚持人本主义的思想，改变教学重教师而轻学生的传统观念，对师生之间的关系进行重新审视和调整。在具体的教学过程中，教师还要为学生提供充足的学习空间，让不同类型、不同水平的学生都能够在学习过程中获得乐趣、成就感和满足感。当学生感受到成功时，他们就会对这门功课产生兴趣，也必然会推动教学质量的提高。

（3）注重情感交流

教师对学生所具备能力的信心在一定程度上直接影响学生学习的效果。因此，在英语课堂上，教师应该始终保持高昂的、乐观向上的精神状态，对学生要倾注所有的热情，并用这种态度将学生的积极情感调动起来。同时，教师要对学生充满信心，多表扬、鼓励学生，提高他们学习英语的积极性与主动性。

（二）着眼于跨文化人的培养

高校公共英语教学的目的是使学生能更全面地理解这种语言，并能熟练地使用英语进行交际。高校公共英语教学对象是大学生，怎样培养大学生、培养什么样的大学生，无疑是至关重要的问题。高校公共英语的教学目标除了提高学生的语言技能，还要使学生对目的语文化产生好奇心，帮助他们进行文化比较，丰富学生的体验，培养学生对文化多样性和文化差异性的敏感。这种多样性和差异性应得到理解和尊重，而且绝不能高估和低估，帮助学生理解人们展现出的文化制约行为的事实，理解社会变量（如年龄、性别、社会阶级以及居住地等）对人们言语和行为的影响，使学生意识到在目的语文化状况中的日常行为，以及目的语中单词和短语的文化内涵，培养学生评估目的语文化的能力，鼓励学生对目的语文化的好奇心和对于他者的移情。在学习英语和英语国家文化的过程中，教师要培养学生文化交融和理解的认知能力，即移情能力，这是一种设身处地从他人的角度看待和感知世界的能力。移情能力不仅有助于语言能力和交际能力的发展，而且对人的整体发展也有着积极的促进作用。英语学习的成功者大部分都是在对不同文化进行比较、评价和综合的过程中，使自己变得更加丰富和完整的。他们所进行的文化评价和批判并没有引起强烈冲突，反而使不同的文化因素在他们身上达到某种程度的整合。高校公共英语教学应该培养大学生成为思想开放，对自我、他者和世界都有深刻理解，并能够积极地与外界交流，不断发掘和实现自身价值的现代人。因为语言与文化有着紧密的联系，所以高校公共英语教学必须将文化与语言相结合。这不仅能帮助学生提高语言能力，而且能使学生了解目的语文化，与目的语文化群体进行有效的交际，更重要的是，可以让学生了解更多的文化群体，提高跨文化交际能力，成为一个跨文化人。

我国高校公共英语教学的目的是培养学生的英语综合应用能力，让学生能够使用英语进行有效的交际。高校公共英语教学中文化教学的目的之一是促进语言教学目标的实现，那么，培养出的学生就需要具有双语能力。双语意味着某种程度上的双文化。一个具有双文化特色的人应该能够在两个或更多文化领域内行动而没有障碍。所以，文化学习的主要目标是帮助学生成为跨文化人，使其能够轻松和有效地理解和应对来自不同文化背景的人。

跨文化交际中，影响相互理解的因素包括：认知的约束，不同群体的世界观形成了一个进行新信息比较的背景；行为的约束，不同的文化都有其影响言语和非言语交际的规则，如不一定完全相同的礼貌原则等；情感的约束，不同的文化会用不同的方式展示、表达情感，有一些文化表现得相当情绪化，而有一些文化则表现得较为内敛。与来自不同文化背景的人进行交际是很有挑战性的，文化差异会造成对自己和他人行为的期望的复杂性，如误解他人的观点、行为、动机，造成冲突。除培养学生的自我意识，加强其对自我主体的关注即文化自觉外，还必须培养和提高学生对文化差异的敏感度。当接触其他文化时，我们常常将它们与自己的文化相比较，我们会觉得其他文化很奇怪，因为从出生起我们就学习用特定的方式进行解释和理解彼此。当遇见不同的解释体系时，我们倾向于保护自己的文化并将它视为准则，而将其他的文化模式看成错误的。这也许是人类对差异的自然反应，但却是我们需要努力克服的。因此，高校公共英语教学应该注意培养学生对不同文化的包容态度。另外，让学生保持自己的价值观，如判断和坚持什么是正确的或错误的，是很有必要的。对其他文化持开放态度，并不意味着放弃判断力，而是放弃建立在无知之上的预先判断。

二、注重学生语言综合应用能力的培养

高校公共英语教学要注重培养学生综合应用语言的能力。这种能力的形成建立在语言技能、语言知识、情感素质、学习策略及文化意识等整合发展的基础之上。要培养学生对语言的综合应用能力，教师需要深刻认识以下三点。

（一）语言技能

语言技能包括听、说、读、写、译五个方面的基本技能及其综合应用能力，听、读是语言的输入，侧重知识的吸收；说、写是语言的输出，侧重知识的表达；翻译既有输入又有输出。学生在交际过程中通过吸收和表达知识信息，不断地提高语言应用的能力。因此，在高校公共英语教学中，教师要引导学生通过大量的听、说、读、写、译的实践，提高自身综合应用英语的能力。可以说，在高校公共英语教学中，听、说、读、写、译不仅是学习英语的目的，还是学习英语的手段。

（二）语言基础知识

学习必要的语言基础知识是形成语言能力的基础。虽然我们反对英语课一直围绕语法来进行教学，将英语课上成语法课，但是这并不意味着我们就不需要学习语法了。相反，学习语法基础知识至关重要，因为它们是构成语言能力的基石，对于培养和发展语言技能非常重要。掌握语法基础知识有助于我们更准确、更流畅地应用语言，从而更有效地进行交流。

需要注意的是，学习必要的语言基础知识并不意味着把其作为课堂教学的唯一目的，也就是说，绝对不能把英语课当成语言知识课来上。语言基础知识学习最终的落脚点就是实际的综合应用，只有在学习基本语言知识的基础上，辅以适当的实践训练，才能真正提高学生对语言的综合应用能力。

（三）心理因素

心理因素不仅关系到人的发展，还关系到英语的学习。学生只有对英语学习抱着积极的态度，自发主动地参与，才能对英语持有无限的热情与动力，才能学好英语。因此，公共英语教学一定要注重学生的心理因素。

学习动机是推动学生学习英语的重要心理因素，而学生对英语学习的态度、兴趣和情绪则是激发其学习动机的关键因素。在高校公共英语教学中，教师应积极致力于培养学生的学习态度、激发其学习兴趣并调节其学习情绪，以有效激发学生的学习动机。除了激发学生学习英语的动机，教师还要注重指导学生选择正确的英语学习方法与策略。学习方法能够让学生充分发挥智慧学习的作用，学习策略能够让学生在学习过程中不断地提高学习效率，从而产生良好的学习效果。

三、努力提高学生的认知能力

目前，高校公共英语教学正在经历由知识型教学向技能型教学转变的过程，高校公共英语教学不仅需要教师传授相应的语言知识，也需要提高学生获得学习语言技能的能力，当然还需要培养并提高学生的认知能力。要想在高校公共英语教学中不断提高学生的认知能力，就必须选择合理的教学途径和方法。具体来说，要做到以下两点。

（一）坚持以话语为中心的教学

高校公共英语教学经历了词本位教学（翻译法）到句本位教学（听说法），再到话语本位教学（交际法）的发展历程。

从语言与思维的关系看，词是概念的表达形式，句子是判断的表现形式，话语是智力推理活动的表现形式。语言与思维应该与话语相统一。侧重翻译的词本位教学和侧重听说的句本位教学都是脱离一定的思维活动的，采用这两种方法教学会导致学生进行机械无意识的模仿和重复性的活动，并且无法有效地锻炼学生的智力。在话语本位教学中，话语包含词语与语境之间的衔接、连贯等，被视为基本的言语交际单位，更能体现语言的整体性、连贯性。

此外，话语分析和篇章语言学的兴起不仅为话语本位教学提供了一定的理论基础，还为其提供了一些具体的分析方法，并且使教学活动更为科学化和系统化。因此，英语教师不仅要掌握这些理论，还要将这些理论与具体的教学实践联系起来。

（二）坚持"文道统一"的原则

众所周知，语言与思想是密不可分的，语言教学应当与思想教育活动统一起来。在教学过程中兼顾语言训练与思想教育两方面的内容，这就是所谓的"文道统一"。传统的公共英语教学存在一定的弊端，如注重形式、轻视内容，注重技巧、轻视智能。语言是工具，但语言教育的目的是超越工具范畴的，其宗旨是达到更高层次的教育目标。坚持"文道统一"是实现教育目标的最好手段。

四、要充分利用多媒体、网络技术

与传统的高校公共英语教学相比，多媒体、网络教学给学生的英语学习创造了一个相对自由、自主的空间，其本身存在着很多优势。

第一，计算机软件可以为学生提供地道的发音，可以生动形象地将知识内容呈现给学生，便于学生理解和记忆。

第二，多媒体技术将图、文、音频、视频等教学资料结合起来，让枯燥的知识充满趣味，这样的方式很容易激发学生的学习兴趣，并且突破了时空的限制，使学生学习不必再受限于课堂。

第三，网络技术为英语学习提供了充足、自由的空间，学生可通过网络进行学习，教师也可以通过网络给学生布置任务、评定任务。这在一定程度上增加了学生的学习时间，有助于培养学生的自主学习能力。

第四节　互联网背景下高校公共英语教学改革的方向

在互联网日益普及的时代背景下，高校公共英语教学也需要不断适应和改革。互联网技术的发展给公共英语教育带来了新的机遇和挑战，因此，高校公共英语教学改革应当充分利用互联网的优势，拓宽思路，创新方法。

一、注重互联网的作用

随着互联网运用领域的扩大及多媒体教学的推行，建构主义学习理论的作用逐渐显露出来，并开始在全世界推行开来。建构主义学习理论的大力推行得益于互联网的发展，互联网为建构主义学习理论提供了优质的外部环境；而建构主义学习理论的推行也促使互联网广泛应用于高校教学活动中，同时也在一定程度上为以学生为中心的教学模式提供了理论支撑。除此之外，建构主义学习理论能够对英语课程及互联网进行整合，能够将各种各样的教学资源、教学元素融合在一起，进而提升高校公共英语的教学质量，加快公共英语教学优化的进程。

现阶段，学校课程与互联网的融合已经成为高等教育转型的一个主要方式，此种转型方式与学科教学之间保持着紧密的联系。这里需要说明的是，互联网与学校课程之间的融合并不仅仅是将互联网视为辅助教学的工具，还强调要把信息技术作为促进学生自主学习的认知工具和情感激励工具，利用信息技术所提供的自主探索、多重交互、合作学习、资源共享等学习方式，充分调动学生的学习积极性、主动性，在融合的过程中锻炼学生的实践能力，这也是培养现代社会所需人才的具体要求。由此可知，互联网与高校公共英语教学相互融合已经成为转变传统的教学模式、培养复合型人才的一个重要方式，也是现代教育改革发展的方向。

（一）教师方面

互联网的迅猛发展和广泛应用极大地丰富了教学资源与教学手段，也对英语教师提出了更高的要求。因此，高校公共英语教学改革的方向在于，广大英语教师必须实现教育教学意识的现代化转变，构建多元化的知识结构，以及提高个人的信息技术水平。

1. 重视优化教学方法

增大课堂信息容量，优化课堂教学方法，是课堂教学的中心任务。实践证明，学生英语能力的形成靠的是自己的英语语言实践。借助互联网，融合教法和学法，教师可以加快课堂节奏，增大课堂信息容量，为学生提供更多的语言实践机会，从而提高学生学习英语的主动性和积极性，实现更高效的语言学习。利用计算机网络，学生可随时随地调用所需的资料，在很短的时间内便可形成一个完整的知识网络。这样就优化了教学方法，大大提高了课堂教学效果。

互联网与高校公共英语教学的整合是一次革命性的教学观的转变，随着它在教学中的不断渗透和深化，教师的角色正在发生转变，他们不再是权威的指导者和知识的给予者，而是学习的促进者、协调者和监督者。教师不仅是学习资源的提供者，也成为学生学习过程中不可或缺的资源。这种角色的转变，需要教师善于创设平等、自由的学习氛围，以促进师生之间、生生之间的充分交流、讨论；需要教师帮助学生对其学习状态和学习策略进行有效监督和调节；需要教师探索更为适宜的评价方式，全面评价学生的学习过程和结果，并及时地给予反馈和鼓励。

2. 不断提高信息技术水平

将互联网作为教学工具和学习平台应用于公共英语教学，不但提升了学生的学习效率，而且丰富了教学手段，实现了多重教学目标。然而，互联网教学也对教师提出了更高的要求。为了提升教学质量，教师需要将素材资源库与制作平台进行有效整合。根据具体的教学需求，教师要充分利用现有教学资源，并从中精心挑选出符合教学需求的内容，用于编辑和制作课件。同时，教师还应熟练掌握并灵活运用各种办公软件及音视频制作软件等。这些对于有些英语教师还有一定难度，需要其不断进行学习。互联网在教学中的应用重在信息的获得、筛选与运用，技术是获得和加工信息的工具。因此，教师不仅要转变教育观念，还要不断提高信息技术水平。

（二）学生方面

融合了互联网与多媒体技术的教学方式不仅能够提升学生的学习效果，还能培养他们的自主学习能力、探究精神和创新思维。

1. 强化学生自主学习能力的培养

学生是教学的中心，是学习的主体。互联网与多媒体技术相结合，创造了一种独特的影音效果，融合了声音、光线、色彩等多元化元素。这种效果通过不同感官的刺激，使学生能够全方位地接收信息，进而促进知识的理解与记忆。与此同时，互联网为教学提供的丰富资源与传统教学模式相比具有显著优势，不仅激发了学生的学习兴趣，还鼓励他们主动参与到学习过程中，充分发挥其主体性。如此一来，学生不再是传统模式下知识的被动接受者，而转变为主动发现者和积极建构者，从而逐渐培养出自主学习的习惯。

2. 重视学生探究精神和创新思维的培养

学生借助互联网，通过探究和发现进行学习。例如，为准备一个课题的学习，学生利用搜索引擎在互联网上搜索、筛选和分析相关信息；还可以跨学科学习同一课题，从而拓宽视野，培养创新精神。互联网在这里扮演了至关重要的角色，它不仅成为学生的认知助手，助力他们探索未知领域，还成为培养研发能力的得力工具，为他们提供了无尽的创新可能，特别是在英语学习方面，互联网成了学生不可或缺的助手，助力学生提升语言能力，拓宽国际视野。学生通过互联网可以深入了解目的语国家的社会环境、风俗习惯、民族心理以及历史文化，这对于他们的英语学习具有巨大的推动作用。教师可以紧密结合公共英语教学的内容，精心搜集和整理相关的学习资源，通过多媒体的形式，将其呈现为直观形象、生动有趣的语言环境和语言交际情境。在这样的情境下，学生可以自主探究、发现问题、动手实践，并提出解决问题的策略和方法。这种学习方式不仅有助于学生深入理解学习内容，提高学习能力，还能够培养他们的探索精神和创新思维。

二、凸显个性化教学和特色化教学

随着经济全球化的深入发展，我国广泛参与到各项国际事务中，国家亟须既熟练掌握专业知识又精通外语、通晓国际规则的国际化人才。随着社会对人才要求的不断变化，传统的高校公共英语教学已经无法满足现代社会的需要，因此必须对其进行优化调整。在高校公共英语教学优化的过程中，许多高校在保持优良教学传统的同时，明确提出公共英语教学要朝着个性化和特色化的方向发展，这与高等教育人才培养目标是密切相关的。

当前，一些高校非英语专业的学生也使用了外语类院校所采用的公共英语教学方式，这表示非英语专业的学生也要完成英语专业的大部分课程，这些学生的培养模式实际上更接近于"专业＋英语"的教学模式，其所培养出来的人才也符合社会的实际需求。

现阶段的高校公共英语教学处于优化的关键时期，各高校公共英语教学在教学内容、教学方法等方面发生了一定的转变，已经有一部分高校的公共英语教学显示出自身的独特魅力。

三、完善高校英语的教材体系

通常情况下，高校开展公共英语教学需要借助教材。这主要是因为教材能够为学生学习语言知识提供途径及资料来源，教材所涉及的语言训练及语言实践活动是提升学生语言知识及技能的主要方式。由于高质量的教材能够对教学各个环节产生积极的作用，因而高校要想顺利完成教学目标及教学内容，便需要选择适宜本校学生的教材。

现阶段，随着高校公共英语教学优化工作的深入开展，高校英语的教材体系也产生了较大的转变。教材在内容和形式上更加新颖，而多样化的教材在推动英语课程优化方面发挥了重要作用。除此之外，一些高校还通过与相关的出版社进行合作，协作编纂并出版了新的英语教材。

高校公共英语教学优化拓宽了英语教材的发展方向，高校及教师也能够在英语教材的编纂、运用等方面发挥自主权。新的教材制度和格局对广大英语教师和公共英语教学研究者来说既是机遇又是挑战。为了紧紧抓住发展的机遇，直面各种挑战，高校应该组织专门人员对英语教材进行重新编纂、评估等，以便选择符合本校具体需求的教材，继而提升公共英语教学的成效。

四、基于学分制构建高校英语课程体系

以往的高校公共英语教学目标始终将目光投向基础公共英语教学，使我国高校所制定的公共英语教学课程在较长的一段时间内仅关注词汇、语法等基础知识及阅读、口语、写作、听力等基本技能方面的传授，进而使得我国高校的英语课程往往比较单一。这种课程设置缺乏科学性，从而降低了学生的英语学习热情与学习效率。在高校公共英语教学优化的过程中，许多高校不再将英语课程单纯地定位为一门语言课程，而是将其与通识课程、专业课程看作一个统一整体。

现阶段，一些高校针对公共英语教学优化所采取的措施是从转变公共英语教学、完善公共英语课程体系两个方面着手的，并在不断实践的过程中形成了符合本校教学目标、独具特色的英语课程体系。一般情况下，高校会在大学一、二年

级设置综合英语、语言技能方面的课程；而在大学三、四年级会设置专业英语、语言文化、英语应用等方面的课程，这类课程通常和通识课程、专业课程（以英语或英汉双语为教学语言）的学习结合起来开设。同时，高校还应该实施选修英语课程、必修英语课程相结合的教学方法，以提升不同英语水平的学生的学习积极性，充分锻炼学生应用英语的能力。

需要强调的是，高校公共英语课程体系的转型关系到学校内的全体学生，因而公共英语教学优化工作必须在教学管理部门的统一指导下开展，这样才能够协调不同院系、不同专业的课程部署，落实学分制体系下的选课制度。

五、逐步完善高校公共英语教学测试体系和评价体系

高校在对公共英语教学的教学观念、教材、课程内容、教学模式等方面进行优化的过程中，逐渐意识到公共英语教学的测试体系及评价体系亟须转型。测试体系和评价体系的配套转型问题，对整个高校公共英语教学优化工作有重要影响。《大学英语教学指南》中也明确提到了教学评价是高校公共英语教学的主要步骤，精准、合理、科学的评价体系能够对公共英语教学目标的实现产生积极影响。教师可以通过评价体系所反馈的信息来完善教学管理方法，进而确保公共英语教学的质量；学生也可以通过评价体系所反馈的信息来调整自己的学习方法、提高学习效能，进而提升自己的英语素养。《大学英语教学指南》进一步指出对学生英语学习的测试要包括形成性测试和终结性测试两种。由此可见，高校公共英语教学的转型需要构建多元化的测试体系及评价体系。

从高校公共英语教学的全过程来讲，完善、科学的高校公共英语教学测试体系及评价体系需要包含起始性评价、形成性评价及终结性评价；但是，传统的高校公共英语教学往往只关注终结性评价，无法真实地反映教学问题。现阶段，我国大部分高校已经认识到终结性评价体系具有不完整性，如终结性评价体系忽略了学生日常的学习行为及学习进程。同时由于终结性评价的方法将测试成绩作为最后的评价准则，这在一定程度上凸显了测试成绩的作用，导致一部分学生仅从测试或者升学的角度出发来开展英语学习。这种单一的学习目的明显不能调动学生学习英语的热情。另外，这种评价体系也挫伤和遏制了英语教师对语言教学内容和方式进行转型和探索的积极性、能动性和创造性。

许多高校也认识到要想从本质上改变公共英语教学的方法，必须对公共英语教学的测试体系及评价体系进行完善及转型。为了适应互联网背景下高校公共英语教学优化的需要，不少高校专门成立了测试团队，负责对本校的大学英语的测

试体系和评价体系的优化工作，如西安外国语大学创建了测试题语料库。高校公共英语教学测试体系及评价体系的转型应该侧重于完善原有的测试体系及评价体系，对终结性评价进行规范化管理，尤其是对学业测试进行规范化管理，逐渐提高形成性评价在整个教学评价体系中的比重，将形成性评价及终结性评价融合在一起，发挥评价体系在公共英语教学中的重要作用。

随着高校公共英语教学优化的深入，高校应该深化和细化对教学模式的研究，这将有利于我们更新教学观念，改进教学方式，实现互联网与课程的整合，完善教学手段，积极探索启发式、探究式、讨论式、参与式教学，充分调动学生的学习积极性，激励学生自主学习，建立特色鲜明、灵活多样的高校公共英语教学模式，加快高校公共英语教学优化的进程。

第二章　高校公共英语教学的基本理论

信息技术的快速发展正引领英语教学进入一个全新的时代，多元化变革层出不穷。在互联网的浪潮中，教育领域的创新焦点落在如何将信息技术与英语教学紧密结合，共同塑造一种突破性的教学模式上。这种新模式在保留传统英语教学精髓的同时，也充分利用了互联网时代的多媒体教学方法和数字化教学资源，对传统英语教学模式进行了深入的改革和创新。本章围绕高校公共英语教学的基本关系、高校公共英语教学的基本原则、高校公共英语教学的基本目标以及高校公共英语教学的基本思路等内容展开研究。

第一节　高校公共英语教学的基本关系

一、英语与汉语之间的关系

汉语是中国人的母语，少年儿童在开始学习英语时已经能够流畅地运用汉语进行交流，这意味着他们已经累积了相当数量的汉语词汇和基本的语法结构，从而具备了用汉语进行口头表达和书面沟通的能力。然而，对他们而言，英语是一门需要额外学习的外语，是他们在语言学习旅程中的新目标。在讨论母语与外语学习的关联时，人们常常提及"迁移"这一概念，它源自心理学，描述的是在学习过程中先前掌握的知识或技能影响新知识的获取和技能的形成。

在 20 世纪 50 年代，语言教学研究采纳了迁移理论，并认为母语会对外语学习产生影响。迁移是外语学习者比较常用的学习策略之一，其核心在于学习者会借助他们已掌握的母语或其他语言知识来辅助理解新的语言内容。在英语学习的起始阶段，这种迁移现象尤为显著，因为学习者尚未对英语的语法规则形成深刻的理解，因此常常依赖母语（汉语）来进行理解和表达。当母语对目的语（英语）的学习产生积极推动作用时，称之为正迁移；相反，如果母语对目的语的学习造成阻碍或混淆，则被称为负迁移。关于迁移现象的研究，有一种主流理论叫对比分析假说，它认为母语和目的语的差异会导致负迁移的发生。美国语言学家拉多（Lado）也指出："学生在接触一门外语时会发现该语言的有些特征相当容易掌握，而掌握另外一些特征则极其困难。其中，与其母语相似的成分简单，而相异的成分困难。"[①]除了母语和目的语的异同之外，在考察语言的迁移问题时，还要考虑母语在哪个阶段、何种条件下影响目的语的学习。

（一）语音迁移

语音迁移是语言迁移中最为明显也是最为持久的现象。在语言学界有一种普遍的共识，即母语对于语言习得的初始阶段具有显著影响。这一观点在第二语言学习者的发音中尤为明显，常常表现为他们的外国口音。考虑到英语和汉语分别属于截然不同的语系，两者在语音层面上的差异尤为显著。一方面，汉语有四种基本声调，我们可以依据声调的变化来区分不同词语的意义；而英语则更多地依赖于语调的变化。另一方面，从音素构成来看，英语和汉语的音素系统存在显著差异。

（二）词汇迁移

词汇迁移是指学习者将已掌握的一种语言的词汇知识运用于另一种语言的词汇学习。词汇知识包括对词汇使用频率的意识、词汇的正式程度、词汇使用域的恰当性和规范性。通过掌握词汇的概念知识和语义知识，习得者能够辨别词汇的已存和潜在的理性意义，感知和视觉化词汇使用的情境和语境，理解词汇的外延意义，以及判断词汇情感意义。个体对高频词的思维表征反映出个体是母语者还是第二语言习得者。词汇的掌握不仅仅是记住词义，还需要形成以词汇为中心的思维联系。如果不同语言的词汇有思维联系，那么一种语言的词汇就会影响另一种语言的词汇的习得和使用。

初学英语的人很容易认为每个汉语词语都能在英语中找到一个精准的对应词。然而，这并非事实。在语言中，一个词语在另一种语言中的对应词可能拥有多种不同的含义，因为两者的语义范畴并不总是完全吻合的，而是呈现一种复杂的交织状态，包括意义重叠、部分交叉和某些方面的空缺。以"重"这个汉字为例，虽然"重"在英语中有"heavy"这个看似对应的单词，但"heavy"的含义实际上与"重"一词并不是完全吻合的。初学英语的人由于缺乏对英语语言结构和表达习惯的深入了解，常常会将汉语的搭配习惯直接套用到英语中，这导致他

---

① 吴卫芳. 英语教学中的汉语言迁移机制［J］. 吕梁教育学院学报，2020，37（1）：120-121.

们写出许多在英语中显得不自然甚至不合语法的句子。由于英汉两种语言的文化背景迥异，它们之间的词汇意义也呈现出了显著的差异。除少数在两种语言中意义相对固定的科技术语和专有名词外，大多数词汇在英汉两种语境下都有着不同程度的差异，这些差异都有可能导致负迁移现象的发生。

（三）句法迁移

句法就是造句的规则，也就是传统所说的语法。英汉两种语言在句法结构上有一定的相似性，但同时也存在着不容忽视的差异。

首先，汉语是一种分析性语言，没有严格意义上的形态变化，主要通过词序和虚词的使用来表达各种句法关系。英语和汉语的这种差异很容易导致中国的英语学习者，尤其是初学者受到汉语的影响，在使用英语时忘记词汇形态的变化，如名词的单复数、代词的主格与宾格形式、动词的时态变化等。

其次，英语重形合，词语和子句之间的关系通常依赖于语言的形式元素（如连词）来明确；而汉语则更加注重意义的连贯，其句子中的词语和子句间的逻辑与意义往往通过它们本身所承载的含义来展现。受此影响，有些中国学生在使用英语时常按照汉语的习惯只是简单地把一连串的单句罗列在一起，不用或者很少使用连词。

最后，英语和汉语在静态和动态方面也呈现出一定的差异。英语多倾向于用名词，因而叙述呈静态；而汉语多用动词，其叙述呈动态。例如，"He is a good eater and a good sleeper." 这个句子中用了 "eater" 和 "sleeper" 两个名词，而该句相对应的汉语句子应该是："他能吃能睡。" 如果要求学生把这个汉语句子译成英语，他们首先想到的是："He eats and sleeps well." 英语名词化的特点使许多中国学生感到不适应，在写作中这一点表现得最为突出。迁移效应并非完全消极。有时，英汉两种语言间的共通性和相似性为中国学生提供了学习英语的便利。他们可以借助已有的汉语知识，在英语学习中找到共通点，从而更有效地进行语言学习。例如，汉语中的形容词都位于它所修饰的名词之前，而英语通常也如此，当学生学习了 "beautiful" 和 "flower" 两个词之后，就会很自然地说出 "a beautiful flower"。虽然这只是一个简单的短语，但是几乎所有的复杂句都是以简单的短语为基础的，这就使得中国学生在学习英语时可以利用汉语知识实现正迁移。

与汉语和英语的关系这一问题相关的还有语言的社会功能问题。一个民族的母语是其民族的特征之一，母语教学对于培养学生的爱国主义情感具有重要的意义。当外语学习成为焦点而母语学习被忽视的时候，往往会引发严重的后果。因此，在处理汉语与英语的关系方面应该注意两个问题：第一，尽管公共英语教学在全社会范围内受到高度重视，但汉语的学习同样不应被忽视；第二，克服负向迁移，促进正向迁移。

二、语言知识与语言技能之间的关系

自 20 世纪 70 年代末重新开展英语教学以来，我国的英语教学曾历经一个重视知识传授而忽视技能培养的阶段。然而，随着交际法的引入和影响，英语教学逐渐转向重视技能训练。

语言知识与语言技能共同构成了语言能力的核心，也是我们语言学习的终极目标。它们之间存在着一种相辅相成的关系。语言知识是提升语言技能不可或缺的基础。没有稳固的语音基础，没有丰富的词汇积累，或者对语法规则的理解模糊不清，那么想要在语言技能上有所突破几乎是不可能的。语言知识实质上是通过听、说、读、写、译这些实践活动来感知、深入体验和最终掌握的。

语言知识的掌握涵盖语音、词汇以及语法三大核心要素。它是构成全面英语应用能力的关键部分，对于提升语言技能具有至关重要的作用。确保学生掌握扎实的英语基础知识，是公共英语教学的基本目标之一。语言作为交际的工具，首先是以声音的形式存在的。人们通过发音器官发出的声音来传递信息、交流思想，从而实现交际的目的。在英语中，语音和语法、构词法、拼写都有关系。很好地掌握语音，不但有利于听、说技能的获得，而且也有助于语法和词汇的学习。

语言技能指应用语言的能力，包括听、说、读、写、译五个方面，其中说和写被称为产出性技能，而读和听被称为接受性技能，译则既有接受又有产出。听是分辨和理解话语的能力；说是应用口语表达思想、输出信息的能力；读是辨认和理解书面语言，即辨认文字符号并将文字符号转换为有意义的信息输入的能力；写是运用书面语表达思想、输出信息的能力；译是将一种语言的信息准确无误地转换为另一种语言的能力。听、说、读、写、译是构成语言学习和应用所必需的五大基本技能。它们不仅是学生日常交际的核心方式，还是他们构建全面语言应用能力、捕捉并处理信息的坚实基础和关键工具。

在公共英语的教学环节中，平衡语言知识与语言技能的关系需要关注以下几个方面。

第一，语言知识与语言技能同时兼顾，防止厚此薄彼。语言知识与语言技能共同构成了语言能力的两大支柱，同时也是公共英语教学追求的核心目标。交际法作为一种新的教育理念，其诞生背景是对语法翻译法的深刻反思。传统的教学方法过于强调语言知识的灌输（尤其是语法知识），却在一定程度上忽视了对学生语言技能的培养与锻炼。如今，有些教师在课堂上不敢讲授语法等语言知识，害怕那样做就会被指责为没有采用交际法。这种把语言知识和语言技能对立起来的看法是错误的。

语言能力的根基在于语言知识的掌握，那种以为只需强调语言技能而轻视语言知识的观点是站不住脚的。语言能力的全面展现涵盖了多个层面，除基本的语法知识外，还包括社交语言技巧（如在特定场合下如何恰当地应用语言）、语篇处理能力（涉及识别和采用多种衔接和照应技巧）以及策略性沟通技巧（即在沟通遇阻时采取的策略性回避手段）。因此，公共英语教学不应仅限于知识的灌输，而应致力于语言知识学习与语言技能发展的融合。语言知识的学习对于提升语言技能至关重要，而在语言技能提升的过程中，对语言知识的持续学习亦不能有所忽视。

第二，语言知识的教学要立足于语言实践活动，传授语言知识并不意味着要单纯讲解语言知识，特别是在公共英语教学的基础阶段。语言知识教学的关键在于教师通过听、说、读、写、译等实践活动，使学生能够亲身体验并应用所学的语言知识。因此，语言技能的培养应被视为语言知识教学的基石。在教学过程中，教师可以运用引导、关注、探索、分析、整理、比较和概括等多种方法，同时鼓励学生积极参与，这样他们不仅可以在实践中学习语言知识，还能够在此过程中锻炼和提升科学的思维方式。

第三，在英语学习中，听、说、读、写、译五项技能是相辅相成、密不可分的。对于初学者而言，从听、说入手是一个良好的起点，但随后必须迅速融入读、写、译训练。在平衡这五项技能时，应避免两种极端倾向。一种是完全摒弃书面材料的"纯听说"教学法。这种教学法不仅难以实现，且不符合中国学生外语学习的具体背景。这是因为对于中国学生来说，阅读通常是他们构建语言输入环境最便捷的方式。另一种是过分强调读、写而忽视听、说，这样可能会导致学生陷入"哑巴英语"的困境，即他们虽然能够读、写英语，但听、说能力却不尽如人意。

第二节　高校公共英语教学的基本原则

一、交际性原则

语言是人类沟通的桥梁，它使我们能够分享思想、表达情感，并有效地传递信息。交际是在特定语境中说话者和听话者、文字和读者之间的意义转换。由此定义可以得出以下几点启示：一是交际包括口语和书面语两种形式；二是交际总是发生在一定的语境之中；三是交际需要两个及两个以上的人参与并产生互动。学习英语的首要目的是使用英语进行交际，而高校公共英语教学的首要目标就在于培养学生的交际能力。交际能力的精髓在于能够灵活地运用语言知识，在各种情境和对象面前实现有效且得体的沟通。因此，在高校公共英语的教学中，首要任务是贯彻交际性教学的原则，确保学生能够运用所学的英语进行实际交流。为实现这一目标，要在教学过程中努力做到以下几点。

（一）充分认识英语课程的性质

英语课本质上是一门技能型课程，其核心目标在于培养学生的语言交际能力。在教学过程中，教师应将语言视为一种交际工具，强调其实际运用的重要性，而非仅仅聚焦于教授语法规则和词汇用法。教学的最终目的并非让学生记忆一套理论，而是确保他们能够运用所学的语言进行有效交流，并从中获取信息。为了实现这一目标，教学、学习和应用三者必须紧密结合，形成一个相互促进的统一体，其中语言的使用是这一体系的核心。因此，教师转变以往陈旧的教学观念，认清课程的性质，是落实交际性原则的关键。

（二）开展丰富多彩的交际活动

语言是交际的基石，而每一次交际的展开都深深植根于特定的情境之中。情境包括时间、地点、参与者、交际方式、谈论的题目等要素。在特定的情境下，讲话者的言语表达往往受到时间、地点及自身身份的制约，这体现了情境对沟通的影响。因此，高校公共英语教学必须确保教学内容融入有意义的情境中。高校公共英语教学通过模拟真实情境，可以增强学生的沉浸式体验，从而激发他们对英语学习的兴趣。鉴于此，在策划高校公共英语教学活动时，教师应将焦点放在其交际本质上，紧密结合教材中的知识点，灵活应用各类教学辅助工具，营造与学生实际生活紧密相连的模拟场景，从而进行生动、逼真的英语交流实践。这样不仅能增强学生的学习兴趣，提高学习效率，还能帮助学生将所学知识灵活应用于实际情境中，实现学习与应用的有机结合。

（三）培养学生语言使用的得体性

高校公共英语教学的首要目标在于培养学生进行有效交际的能力，而根据交际性原则，学生要具备良好的交际能力，需要能够在适当的时间、适当的地点，以适当的方式，向适当的人讲适当的话。这一点与上面一点密切相关，教师应创设情境，开展多样的交际活动，如做游戏、讲故事、猜谜语、编对话、角色扮演、话剧表演、专题讨论或者辩论等。这有助于学生在创设的情境中充分表现自己，从而掌握地道的语言，培养语言适用的得体性。

（四）精讲多练

高校英语课堂的教学活动主要包括讲授和练习两个核心环节。一方面，讲授涉及向学生传递语言知识；另一方面，练习能够让学生进行实际的语言训练。在课堂上，适当地讲授一些语言知识是必要的，可以提高学习的效果，就如同学习游泳一样，在下水之前，教师讲解一些注意事项、游泳的动作要领，有助于提高学生在水里训练的效果。然而，英语本质上是一种技能，而这种技能唯有通过不断的实际训练才能真正掌握。因此，教师应明确认识到，课堂上的讲解并非最终目的，而是要更好地辅助他们进行有效的语言训练。在语言训练的过程中，要针对学生的具体问题给以"画龙点睛"式的点拨。这不仅有利于学生语言交际能力的培养，还有助于学生养成良好的学习与思维习惯。因此，进行必要的讲解之后，要给学生留出足够的训练时间。

（五）注重教学内容与教学活动的真实性

语言与现实生活密切相关，教学活动的设计与教学内容的选择一定要考虑这一因素。高校公共英语教学应致力于将语言与学生所关注的话题相融合，确保提供的信息材料既充足又题材广泛且富有内涵，并贴近学生的日常生活。此外，为了保障教学内容的真实性，教材和教师的语言都应当符合英语母语者在日常交际中的使用习惯，而非专为教学目的而编撰的语言。这种真实的语言运用有助于学生更好地理解和运用英语，同时也增强了英语学习的实用性和趣味性。

二、兴趣性原则

兴趣是推动学生不断前进的强大动力。对于学生来说，英语学习的兴趣在很大程度上决定着英语学习的效果。事实上，很多学生一开始对英语学习并不是排斥的，这是他们对英语学习的天然兴趣，以及对新鲜事物和对异国语言与文化的好奇所致。然而，在实际的公共英语教学中，由于教师教学方法不当、考试安排不科学等，学生的学习兴趣并未得到很好的维持，而教师也未能对学生学习英语的兴趣给予进一步的激发与培养。因此，教师要从自身出发，努力激发和培养学生学习英语的兴趣，具体来说，可在以下几个方面做出努力。

第一，了解学生真正感兴趣的话题。教师只有了解了学生真正感兴趣的话题，才能够因需施教，真正激发学生的学习兴趣。教师应当积极观察并留心收集学生所感兴趣的话题，然后将这些元素巧妙地融入课堂教学活动的设计之中，以此激发学生兴趣。这样的活动与学生的生活密切相关，学生会比较感兴趣，这样就能很好地激发学生学习英语的兴趣。

第二，了解和鼓励学生的进步。善于发现学生的进步，多鼓励、表扬，是培养学生兴趣的一个有效方法。对于学生来说，学习的效果好，可以在很大程度上维持他们的学习兴趣。在高校公共英语教学中，教师可以灵活采用奖品激励、荣誉激励、任务激励、情感激励等多种方式，对学生所取得的进步给予鼓励，学习兴趣也会在这种激励中被逐步培养起来。

第三，挖掘教材中学生感兴趣的内容。教材在公共英语教学中有着举足轻重的地位，教师要想最大限度地调动学生的积极性，就要认真研究教材，挖掘教材中学生感兴趣的内容，以保持每节课的新鲜感，保证教学的内容能让学生感兴趣。

第四，改变传统的公共英语教学与评价方式。传统的公共英语教学存在强调死记硬背、机械性操练的倾向。传统的公共英语评价方式侧重终结性评价，以考试为主。过多的机械性操练以及过于强调结果的评价方式很容易导致教学的死板与乏味，容易使学生减少甚至失去对英语学习的兴趣。

鉴于此，教师在公共英语课堂上应当积极构建涵盖知识要点、技能应用和学习策略在内的情境，旨在激发学生的英语学习兴趣，助力他们更快地吸收和内化英语知识。此外，公共英语的评价方式要增加过程性评价。这样有助于学生在平时主动参与英语学习和交流，并娴熟地运用听力、口语、阅读和写作等多方面的技能，最终使英语知识变为自己进行交际的工具。

三、灵活性原则

灵活是兴趣之源，灵活性原则是兴趣性原则的有力保障。语言作为人们生活中不可或缺的一环，是一个充满活力和持续演变的开放系统。考虑到语言本身的特质以及学生的个体差异，公共英语教学必须贯彻灵活性的核心理念。在教学方法、语言学习和语言应用等多个维度上，展现灵活多变、有趣味的教学方法。

（一）教学方法的灵活性

高校公共英语教学史上曾经出现了许多不同的教学方法和流派，如语法翻译法、视听教学法、交际法等，每种方法都有其自身的优势与不足，教师应该兼收并蓄、集各家所长，切忌拘泥于某一种教学方法。高校公共英语教学包括语言知识和语言技能两个方面，语言知识包括语音、词汇、语法等内容，不同的语音、词汇、语法项目都具有不同的特点。语言技能包括听、说、读、写、译五个方面，其中又包括许多微技能。学习者的个体差异也是千差万别的。因此，在高校公共英语的教学实践中，教师应当全面考虑学生的个体差异、教学内容的丰富性以及教师自身的教学风格，创造性地设计并实施多样化的教学活动。这些活动不仅可以展示教学方法的多样性、创新性和灵活性，还能为英语课堂注入新鲜有趣的元素，进而激发学生的英语学习热情，充分发掘他们的潜能。教学内容也要体现多样性、灵活性的原则，不仅要教英语、教学习方法，还要结合公共英语教学教会学生如何做人。

（二）语言学习的灵活性

教学方法和教学内容的灵活性可以有效地带动英语学习的灵活性。要努力改变学生以往机械性的学习方法，帮助学生探索英语语言学习规律和符合学生生理、心理特点的自主学习模式，使学生能够自我导向、自我激励、自我监控，静态、动态相结合，基本功操练与自由练习相结合，单项和综合练习相结合。通过大量的实践，学生不仅能掌握充足的语音、语调、书写和拼读的基础知识，还能用英语表情达意，开展简单的交流活动，提高综合运用语言的能力。

（三）语言使用的灵活性

英语学习的关键在于使用，教师要通过自身灵活地使用英语来带动和影响学生使用英语。教师应积极采用全英文教学模式，包括使用英语组织教学、详细讲解、提出问题以及布置作业。这种做法将使学生真切感受到英语是一门活跃、实用的语言，而非仅仅是书本上的知识。高校公共英语的教学过程应转变为一个互动性强的交际活动，鼓励学生积极参与其中，运用英语来实现目标、达成愿望、体验成功，并从中感受到学习的乐趣。

四、发展教育原则

发展教育原则的核心在于确保每个大学生在智力与非智力两个层面上都能获得全面而均衡的发展。高校公共英语课堂教学过程不仅是大学生的英语技能提升和学习情感交流的过程，也是整个生命体的活动过程。

因此，大学生的发展可以视为一个生命体的成长过程，并且这一过程具有和谐性、多样性和统一性。高校公共英语教师在这一过程中需要做到以下三点：第一，要对每个大学生的成长予以关注，确保所有大学生都能够得到相应发展；第二，要充分挖掘课堂存在的智力和非智力资源，并合理、有序地实施教学，使之成为促进大学生发展的动力；第三，要为学生设计对智慧和意志有挑战性的教学情境，激发他们的探索精神和实践精神，使教学充满激情和动力。

五、因材施教原则

我国高校公共英语教学应该坚持分级教学、因材施教的基本原则。高校公共英语教学的过程涉及诸多变量的综合作用，包括认知因素、心理因素、社会因素、教育因素等。这些变量相互影响、相互制约，使公共英语教学的过程变得更为复杂，使学习者的学习过程与学习结果呈现出差异化现象。鉴于此，高校在开展公共英语教学活动的时候，应该格外注意因材施教，根据不同学生的个性差异实施不同的教学方法。

在因材施教原则的指引下，我国许多高校依照本校公共英语教学的具体任务及目标，广泛实施了分级教学的教学方法。一般而言，高校会为新生举行英语分级考试，这是高校公共英语教学的必要步骤。分级测试的主要目的是为不同水平的学生安排不同的英语课程。这种课程设置能够提升学生的交际能力，培养学生的自主学习能力，进而为专业英语的学习提供支撑。由此可见，高校实行分级教学的教学方法不仅能够按照不同学生的学习兴趣及英语水平来进行具体教学，还能够提升公共英语教学的整体效率，完善教学活动的各个环节，实现个性化教学的目标。

六、以学生为中心原则

以学生为中心是高校公共英语教学的首要原则，因为学生始终是教学过程中的主体。教师在教学的过程中，必须以学生为中心，发挥自己的指导作用，为学生创造学习条件，随时给学生提供帮助，调动学生的学习积极性。总之，教师的一切教学工作都应围绕学生的需要而进行。教师的主导作用在于帮助学生学习。

每当学生面对学习挑战时，教师应迅速介入，为他们指明方向，协助他们找到克服困难的途径。若观察到学生表现出对学习任务有浓厚兴趣和积极性，教师应不失时机地为他们提供更多的实践机会，以锻炼他们的能力；而当学生出现学习动力不足的情况时，教师应及时给予正面的激励，以激发他们的学习热情。此外，当学生取得学习上的成就时，教师应及时设定更高的标准，使学生心中始终有目标，继续努力。要求教师以学生为中心就是要求教师的心里要时时刻刻装着学生，应把教建立在学生的学之上，教学的一切工作都要围绕学生的学习进行。

教师在备课阶段、授课过程中以及课后作业批改时，始终以学生为中心，细心观察学生的心理动态和需求。他们不仅要关注学生的面部表情和即时反应，还要深入分析学生对知识的吸收情况。根据这些观察和分析，教师会灵活调整自己的教学策略和步骤，确保教学方法能够最大限度地满足学生的个性化需求。只有以学生为中心，才能让学生明确学习意义、学习内容和学习目标，明确奋斗的方向，看到自己已经取得的成就，在学习里既有目标又有信心，进而在学习的道路上勇往直前。

七、循序渐进原则

在高校公共英语教学中，贯彻循序渐进原则时应注意以下几点。

第一，从听、说技能的培养过渡到读、写技能的培养。通过英语课堂中的听、说教学，学生可以学到正确的语音，掌握基本的词汇和基本的句子结构，进而为读、写能力的培养奠定基础。高校公共英语教学从听开始，也符合我国公共英语教学的实际情况。英语是一门外语课程，因此我国大多数学生缺乏英语的语言环境，这使得"听"成为他们获取英语知识和纯正语音、语调的关键途径。只有当学生具备了一定的听力能力，他们才能清晰地理解他人所说的英语，自信地与他人进行英语交流。为了保障公共英语教学的顺利进行和有效性，教师在整个教学过程中都应当致力于为学生创造一个理想的语言环境，着重培养他们的听力技能，并在此基础上，结合相应的听力内容，循序渐进地培养学生的口语表达能力。听、说、读、写、译是英语的五项基本技能，是需要全面发展的，但在英语初级阶段的学习中，特别是起始阶段，教学应先从听、说入手，然后进一步培养学生的读、写能力。

第二，语言知识学习从口语过渡到书面语。英语包括口语和书面语两种形式，从语言发展的历史来看，口语先于书面语。人类在几十万年前就开始说话，但文字的出现要比口语晚得多。这就决定了英语学习要从口语开始，然后逐渐向书面语过渡。口语里出现的词汇比较常用，而且大都是日常生活用语，句子结构也相对简单，与书面语相比更容易学习。通过对口语的学习，学生可以很快地获得与日常生活相关的交际能力。

第三，语言知识与使用语言的能力不断循环与深化。在公共英语教学中，要使学生掌握一个语言项目是不可能一次完成的，它需要进行多次循环、巩固，而且每一次循环、巩固都是对前一次的深化。例如，关于名词的单复数问题，在开始阶段只是要求学生知道在英语中名词有单复数形式，然后随着学习的逐渐深入，学生了解了名词复数变化的规律，最后再掌握名词复数形式的不规则变化。在具体的课堂教学中，教师应该注意在学生已有的语言知识和已经熟悉的语言技能的基础上，讲授新的知识，培养新的技能，还必须适时地复习前面的内容。

八、系统教学原则

系统教学原则也是高校公共英语教学必须遵照的一个原则。系统教学原则主要有三个作用：其一，系统教学使学生对所学内容形成比较系统、完整的概念；其二，系统教学能够建立起各部分知识之间的联系；其三，系统教学能够使学生清晰且有层次地消化所学内容。系统教学原则对教师工作提出的要求如下。

（一）系统安排教学工作

高校公共英语教师在安排公共英语教学工作时应该有一定的计划，主要应做到以下几点：第一，有计划地备课；第二，高校公共英语课程讲解要逐步深入、层次分明、前后连贯、新旧联系、突出重点、环环相扣，形成一个有机的系统；第三，高校公共英语教学的步骤和培养技能的方法应该符合掌握语言的过程，要根据课程的最终教学目标，由易到难，逐步过渡，最后达成目标；第四，课后布置的练习要有计划性，要先进行训练性练习，然后进行检查性练习，练习的形式要具有系统性，不同的练习形式也要有不同的要求；第五，高校公共英语教师要密切联系课上讲的重点来布置家庭作业，每次作业要有明确的目的，课内课外要通盘考虑；第六，高校公共英语教师要经常考查学生对知识和技能的掌握情况，确保每堂课要有一定的提问环节并做相应的记录。

（二）系统安排教学内容

高校公共英语教学中，教师安排的教学内容也要有严密的计划。教师应该按教材的特点和班级的学习情况合理组织讲课的内容，确定教学的重点与难点，适当调整内容，然后因材施教。

（三）系统安排学生学习

高校公共英语学习要循序渐进、持之以恒。高校公共英语教师在教育学生的过程中要做到有恒心、有毅力。在科技发达的今天，教师可以采用多种科技手段，如通过计算机等智能设备构建虚拟教室，让学生根据学习要求系统跟进英语学习的进度。

九、对比教育原则

高校公共英语教学应当从语言认知理论的角度出发，结合语言迁移的研究去分析不同语言及其文化间的差异，并进行跨文化教学。高校公共英语教学中，教师需要遵循对比教育的原则，即不断引导学生将自己的本土文化与英语国家的文化进行对比，从而分析出二者的差异。

对比教育原则有以下几点意义：第一，对比本土文化和英语文化，有助于加深学生对英语国家文化的理解，同时使学生逐步了解英语国家的价值观、思维方式、生活习惯等层面的差异；第二，对比中英两种文化，可以使学生进一步加深对不同文化的理解，不仅有助于学生习得不同的语言文化知识，帮助其克服交际障碍，而且有助于促进其跨文化意识和交际能力的培养；第三，对比中英文化，学生可以养成文化思辨能力，辨别其中的可接受文化与不可接受文化，在文化对比中吸取不同文化的精华，在培养英语思维、提高语言交际能力的同时，强化自身的民族身份意识以及坚定文化自信。

第三节　高校公共英语教学的基本目标

一、技能目标

（一）帮助学生理解英语

"教师使学生懂英语"这个过程仍然是一个使能过程，不仅使学生掌握技能和学习本领，还使学生动脑筋学习语言知识。学生的学习过程不仅是一个行为过程，更是一个心理过程。在这个过程中，学生是中心，是关键的参与者，而教师只是帮助者和使能者。在此，学生要拓展思维活动，获得新的知识。教师的任务是为学生提供一定量的知识。这里需要考虑的是"知识"一词。在此，知识纯粹是有关语言的特点和应用的知识，掌握语言知识也可以称为懂英语。它既表示学习英语意味着学会有关语言的知识，也表示学会说这种语言。这两种解释实际上代表了两种不同的教学模式。从第一种模式的角度讲，学习知识可以只让学生理解和记忆即可，而不必让学生去进行实际的操练和实践，其重点是心理活动。从第二种模式的角度讲，学生不仅要理解和记忆所学的知识，也要学会实际的语言应用技能，学会把所学的知识应用到实际语言交际中去，还要学会在一定的文化语境即目的语文化中，进行交际活动。

（二）帮助学生学会英语

在英语教学过程中，学生成为积极的参与者，他们致力于学习这门语言；而教师则扮演着指导者的角色，他们通过多样化的教学策略，如运用现代科技手段，助力学生达成学习目标。学生是整个教学活动的核心，他们的学习进程是教学工作的焦点；而教师则是赋能者，他们用各种方法激发学生的学习兴趣，确保他们能够有效地学习英语。这种教学模式距离现代教师对教学的认识十分接近。教师首先考虑的是学生，而他们自己的角色就是指导和帮助学生。从教学方法和程序上讲，教学的主体变成学生，教师的角色只是帮助学生达到学习目的，应该说这是一个很大的进步。

（三）向学生传授语言知识

"教师把英语教授给学生"的教学过程在此被视为一个人际交流过程。在这个交流过程中，主要的参与者是给予者和"礼物"，即教师和其所教授的语言，而学生只是被给予的对象。从人际交流的角度来看，教师在教授英语时，就如同赠送钢笔等物品一样，将这门语言"赠送"给学生。在这个过程中，教师通常会依据自己的经验和认知，向学生传授他们自认为"优质"的英语，如"标准英语""文学英语"等。在这种交流过程中，教师处于绝对控制地位，学生则完全处于被控制的地位。

（四）训练学生的英语技能

"教师用英语教导学生"，从人际交流的角度讲，这一教学过程的重点仍然是教师，学生是参与者之一，但只是一个被动角色。其参与受到外界因素的影响，受到教师行为的支配，没有学习的主动权；但在这一过程中，教师不再是简单地像给予学生东西一样把语言传授给学生，而是使学生提高技能，达到教师的训练目标。从课堂内容的角度讲，在这一教学过程中，教师通常提供大量的课堂训练和练习，以及大量考试。教学目标是使学生掌握应用语言的技能。

从教学方式上讲，教师需要开展许多活动，以给学生大量训练，学生是这些活动的参与者和训练对象。这种教学模式既类似于传统教学法中教师主导一切的模式，也类似于模式训练法的教学模式，学生只是被训练的对象，自己没有主动权，因此，发挥学生的主观能动性比较困难。这种教学模式融合了结构主义和行为主义的元素。在这里，教师的职责不仅仅是教导学生语言知识，更重要的是引导他们掌握语言技能。不过，这些技能并非直接体现为语言应用能力，而是侧重于一系列语言模式的学习；而且这些模式大部分是一些根据结构主义理论提炼出的语言结构模式，而不是根据情境中的语境模式提炼出来的语言功能模式。

（五）发展学生的意义潜势

"教师使学生成为讲英语的人"，在此，教学过程被看作一个关系过程。教师仍然是一个使学生能够做某件事情（讲英语）的人，但他不仅仅是使学生能够做某件事情，更是使学生成为一个能讲目的语的人。语言被视为一个"潜势"，称为"意义潜势"。教学的目的是使学生掌握这一潜势，使学生会用语言来表达意义。这显然既包括使学生掌握有关语言的知识，也包括使学生掌握语言表达的能力，学会用所学的语言说话。

通过对以上几种教学目标的分析和比较，我们可以发现，高校公共英语教学的目标包括：第一，帮助学生理解英语；第二，帮助学生学会英语；第三，向学生传授语言知识；第四，训练学生的英语技能；第五，发展学生的意义潜势。然而，公共英语教学的主要目标是使学生掌握应用英语的技能。学习英语的相关知识是为了更好地使用英语，对英语的后续学习有一定的推进作用，它不能取代英语技巧的锻炼。以全面考虑学生以后的发展为目的的模式是现在公共英语教学的最高目标，它旨在培养学生的跨文化交际能力。

二、文化目标

高校公共英语教学的内涵非常丰富，这就决定了其教学并非单纯的语言工具教学，除此之外，还包括语言文化的教学以及对学生跨文化交际能力的培养。随着经济全球化进程的不断加快，中国的对外交流日益频繁，英语作为国际通用语言的重要性也不断凸显，因此，高校公共英语教学尤其是高校公共英语文化教学也应当引起足够的重视。从整体上来看，高校公共英语文化教学应当包含以下两个目标。

（一）明确文化定位

明确文化定位既包括对母语文化的定位，也包括对目的语文化的定位。中华文化博大精深，是世界文化宝库的一朵奇葩。因此，在高校公共英语教学中，我们应当给予中华文化足够的关注。试想，在跨文化交际中，如果交际者对自己本民族的文化都不了解，又怎么能够与别人进行长久的交谈？更进一步说，只有对本民族的文化有准确的认识，才能保障跨文化交际的有效开展。就当前的高校公共英语教学状况来看，对于中华文化的教学重视程度显然不够，这就导致学生无法掌握足够的母语文化知识。对于这一情况，教师应当首先从思想上加以重视，积极采用文化对比、母语文化英译等手段强化学生对中华文化的认识，使学生掌握足够的母语文化知识，从而为将来从事跨文化交际活动奠定良好的基础。

在世界上许多国家中，英语都是作为官方语言来使用的。随着经济全球化进程的不断加快，英语在国际交往中的作用越来越突出。因此，在高校公共英语教学中，英语文化的教学应当被给予足够的重视。只有了解英语国家文化，学生才能够在中西文化的对比中，对中华文化形成更为深刻的认识。从一定意义上来说，高校公共英语教学对于文化的传承也起到了积极的作用，学生在积极学习中华文化的同时，不断加深对英语国家文化的认识，这对于学生跨文化交际能力的提升是意义重大的。

（二）培养学生的文化能力

随着《课程要求》的颁布以及英语教学改革的深入，培养学生交际能力的意识越来越深入人心。然而，我们在英语教学实践中却发现，尽管我们在教育中投入了大量精力来培养学生的听、说、读、写、译等语言技能，但教学效果却并不显著。深入剖析后，可以发现，现行的以听、说、读、写、译等语言技能训练为核心的教材和教学方法存在一定的问题。严格地说，目前高校公共英语教学还没有突破语言知识的掌握和语言技能的训练的框架，学生所学到的更多的是语言表面的知识。高校公共英语教学仅仅重视语言技能的训练是不够的，还必须注重交际能力的培养。现实告诉我们，交际水平的高低不仅和语言能力有关，还和社会文化的水平和语境的适应情况以及实践技巧息息相关。所以，要切实提高学生的交际水平，高校公共英语教学不仅要对学生教授相关语言知识，以及开展语言技能活动，还要加强学生在跨文化活动中语言水平和语言使用技巧等的专门培养和训练，以提高学生在特定的社会文化情境中的跨文化交际能力。培养学生能够进行不同文化间的交际的能力就是英语教育的意义所在。公共英语教学存在的意义就是为文化间的交流打下坚实的基础。学生要先熟悉英语国家文化，然后将自己所掌握的知识在一定的环境中进行应用，还要坚决、主动地学好本国文化，并能熟悉掌握、灵活应用。具体来说，学生应当具备以下三个方面的文化能力。

第一，使用英语表述母语文化的能力。使用英语表述母语文化的能力是高校公共英语教学中学生所应具备的第一层次的能力。中国拥有悠久的历史与深厚的文化积淀，但是要想使中华文化在国际上扩大知名度，还需依靠英语人才用英语对中华文化进行传播，因此，对于大学生使用英语表述母语文化的能力进行有效培养是意义重大的。

第二，深刻理解英语国家文化的深层内核的能力。深刻理解英语国家文化的深层内核的能力是高校公共英语教学中学生所应具备的第二层次的能力。学生只有具备了理解英语国家文化的能力，才能在跨文化交际中避免一些不必要的误会，从而促进跨文化交际活动的有效开展。

第三，成为跨文化交际的具体参与者的能力。成为跨文化交际的具体参与者的能力是高校公共英语教学中学生所应具备的第三层次的能力。只有具备了这一能力，学生在面对目的语与母语文化时才不会有所偏颇，从而积极吸收目的语文化中的精华部分，对母语文化进行客观的审视，这样一来，在参与跨文化交际活动时也才能更加自信。

第四节　高校公共英语教学的基本思路

传统的教学模式过度关注教材知识、技巧的传授，较少关注学生的个体差异以及他们身心发展的自然需要。这种做法不仅抑制了教学方法的创新，还在高校公共英语教育中形成了一种重视语言知识而轻视实际交际能力的趋势。为了顺应时代的发展需求，对英语教育进行反思和革新显得尤为迫切。这不仅对推进素质教育具有深远影响，更是实现教育现代化、国际化、未来化的重要步骤。因此，现代高校公共英语教学应当积极引入新的教学理念和策略。

一、教学观念要与时俱进

（一）应以素质教育为基础

在当今教育体系中，教师应以素质教育为基石，积极推行富有人性关怀的高校公共英语教学模式。所谓人性化教育，即强调在教育实践中以学生为中心，尊重并发挥知识接受者的主体作用。随着知识经济时代的到来，人性化教育已经逐渐形成一种全球性的教育趋势，且其影响力日益增强。这种趋势强调培养学生的主体意识和独立人格，成为现代国际教育理念转变的关键标志。因此，任何卓有成效的教育实践都需要深入考虑学生的个性差异。

（二）应实施创新思维教学

1. 鼓励自主探究，寓创新思维于公共英语教学中

在教学过程中，教师可以巧妙地利用词汇、句型以及语篇来激发学生的创新思维，引导他们超越常规，探索知识的无限可能。

在进行高校公共英语教学时，教师应特别强调对学生思维多样性和灵活性的培养。对于某个概念或问题的理解，教师不应将其局限于狭窄的框架内，而应鼓励学生打破思维定式，从更宽广的时空背景和不同的角度进行思考和分析。这种教学方式旨在激发学生的创新思维，帮助他们形成全面而灵活的思维方式，从而使其更好地理解和应用所学的英语知识。

2. 培养发散思维，提高创新思维能力

采用讨论式和质疑式的教学方法对于促进学生发散思维和创新思维的发展具有显著效果。为了激发学生的丰富想象，鼓励他们积极探索并坚持独到见解，教师需要擅长从教材中挖掘潜在的创造性元素。通过精心设置疑问和创造情境，教师要确保每个学生都有机会参与讨论，鼓励他们积极应用所学知识，勇于进行发散思维的训练，从而在探索中不断发现新知，拓展思维边界。

总之，学生的学习历程既涵盖了认知的深化，也伴随着不断的探索。教育的本质在于不断地探寻与创新。在高校公共英语教学中，只有当学生的主动性和教师的引导作用得以和谐统一，才能不断探寻课堂教学的新理念、新策略，从而引导学生去发掘、研究、克服问题。这样的教学模式不仅能够激发学生开拓进取的精神，还能培养他们的创新意识。

（三）应重视文化教育

语言是文化的核心传播媒介，更是其最为显著的展现方式。语言和文化之间存在着密不可分的联系，语言植根于文化之中，而文化则通过语言得以传承和表达。不同的民族因其独特的文化而各异，这些差异都在其民族语言中得以体现。因此，在高校公共英语教学中，文化教育的重要性不言而喻。例如，英语词汇在长期的历史演变中蕴含着深厚的文化内涵，这就要求我们在教学过程中注重揭示

这些词汇背后的文化意义和历史背景，从而防止学生仅从字面意思出发，形成片面甚至错误的理解。

不同民族的语言可以反映出该民族的风土人情、风俗习惯、人文历史等文化特质。英语教育过程中，教师不能轻视英语文化的教育，语法、词汇的教学和文化教育要齐头并进、双管齐下。

在持续的学习与实践中，教师要不断刷新教育教学理念，紧跟时代的步伐；要立足教育教学的现实土壤，始终保持学习的热情，不断探索教育的新领域；要积极投身于素质教育的壮阔征程中，迎接课程改革的浪潮，以崭新的姿态迎接新的挑战，展现教育的活力与创新。

二、教学方法要体现多元化

教师应使教学方法和教学手段多元化，实施网络环境下的公共英语教学新方法，英语教师应从传统教育理念的束缚中挣脱出来，要与时俱进，在教学过程中善于利用先进的科学技术。随着互联网技术的不断发展，"互联网＋"已成为各个行业、各个领域的新宠，教育行业作为国家发展和进步的基础，教师肩负着为中华民族伟大复兴培养人才的历史重任，更不能落后于人。网络环境下的公共英语教学新方法完全不同于传统的灌输式教学方法，以网络为主要媒介进行教学活动，能够有效利用互联网的潜能和优势，不仅可以激发学生的主体意识，还能帮助学生树立积极主动的学习态度。随着社会信息化程度越来越高，学生可以通过很多渠道来获取知识。作为教师应充分利用这一点，不断丰富教学手段和方法，把知识教学和能力培养有机地融合起来，探索学生喜欢并且教学效果突出的公共英语教学新方法。

三、教学模式要不断创新

随着新时代的来临，社会的迅速进步与经济的蓬勃发展为学生带来了前所未有的机遇，但同时也伴随着巨大的挑战。在这样的背景下，英语交际能力已逐渐成为衡量人才素质的重要标尺。然而，当前高校公共英语教学模式的固定化却在一定程度上制约了教学质量的提升，公共英语教学作为高校教育体系中不可或缺的一环，其重要性日益凸显，特别是在改革开放持续深化、国际交流日益频繁的今天，英语已经深入我们生活的各个角落，这对公共英语教学提出了更高的要求。因此，如何优化和革新公共英语教学模式，提升教学质量，以培养学生的综合素质，成为当前高校公共英语教学亟待解决的问题。

　　现代高校公共英语教学不仅要追求课堂教学的效率，还需要丰富课外教学活动。为此，教师要积极利用校园网络教学平台，为不同英语水平的学生量身定制教学内容，实施分层教学模式。教师要考虑每个学生的英语基础，针对不同基础的学生，进行差异化的教学设计。对于英语基础较为薄弱的学生，着重构建其基础知识框架；对于口语能力有较高需求的学生，要提供专门的口语教学与训练；而对于笔译技能有更高追求的学生，则要着重教授相关领域的专业词汇和语法。教师通过校园网络教学平台有效实施这种分层教学策略，可以极大地提升高校公共英语教学的针对性和实效性。

第三章　互联网背景下高校公共英语教学的影响因素和存在的问题

互联网背景下高校公共英语教学取得了一定的成绩，对于增强学生自主学习能力、推动教育创新、促进教育公平具有重要的作用与意义。然而，对于高校公共英语教学来说，以学校为主体的英语课堂教学体系还存在一些问题，难以有效地促进英语教育的高质量发展。本章围绕互联网背景下高校公共英语教学的影响因素和互联网背景下高校公共英语教学存在的问题及其成因等内容展开研究。

第一节　互联网背景下高校公共英语教学的影响因素

一、主观因素

（一）教师

教师是高校公共英语教学的重要因素，在公共英语教学中起着主导作用。在英语课堂上，教师主要充当两种角色，即掌控者和引导者。作为一名合格的英语教师，首先应该具有纯正的发音。然而，并非所有的英语教师都具有纯正的发音，所以教师可借助广播等多媒体来弥补自己的不足，确保学生在课堂上所听的内容都是纯正的。同时，教师在讲解单词、句子、课文时，应该穿插一些解释，不断重复讲解难懂的词语。

在多数的高校公共英语课堂上，教师的讲话占据着课堂大部分的时间，有利于培养学生的语言习惯，但不能因此减少学生的练习时间。同时，教师要注意不断变换教学形式，以增强课堂的趣味性。一名合格的英语教师还应具备一定的应变能力，能预测课堂活动中出现的状况，并能很好地处理课堂上的突发事件，确保课堂活动的有序开展。

（二）学生

1. 角色定位

在互联网背景下的高校公共英语教学中，学生主要扮演以下几个角色。①主人。学生是英语教学中的主人，其对知识的探索、发现、吸收以及内化等实践活动都有利于知识体系的构建。②参与者。作为英语教学活动的重要参与者，学生应积极主动地参与到各项活动中，积极思考，勇于表达自己的观点，展示个人的才能。③合作者。英语教学是师生之间及生生之间共同进行的教学活动，因而团队合作是不可缺少的。在合作中，他们可以相互学习、相互帮助、共同提高。④反馈者。在英语教学中，学生的反馈信息是教师改进教学的一个重要依据，学生可以结合自身学习经历，就教学法的实用性向教师提出建议或意见，并协助教师改进和完善教学内容和教学方法，从而提高教学效果。

2. 个体差异

（1）语言潜能的差异

语言潜能是一种固定的天资，如某些人较其他人有更高的语言能力水平，有这种能力的人，在语言学习方面可能会取得更快的进步。每个学生的语言潜能都存在差异。在高校公共英语教学过程中，教师应了解学生的语言潜能，因材施教，使之针对不同的学习任务在不同场合发挥各自的长处，以收到事半功倍的效果。

（2）智力水平的差异

智力是指人所具备的观察力、想象力、记忆力及逻辑思维能力的综合，对于进行抽象思维、习得语言、解决问题有着重要意义。智力水平是学生本身智力所能达到的程度，对于高校公共英语教学也有着深远的影响。

一般情况下，如果学生本身的智力水平一般，那么他们只要经过教师的相关指导，再加上自己有针对性的训练，就会逐步形成适合自身的学习策略，掌握英语学习技巧。

如果学生本身的智力水平较高，那么他们自身就可能具备较高的英语学习能力，本身就可以将课堂讲解的内容与自身的经验相结合，创造出适合自己的英语学习技巧。

（3）认知风格的差异

认知风格又称认知方式，是指个体在认知过程中所表现出来的习惯性的行为模式，这涉及个体在认知过程中的知觉、记忆、思维等方面的差异，同时也包括个体在人格形成、认知功能以及认知能力等方面的差异。每个学生都拥有独特的认知风格，而这些不同的认知风格并无绝对的优劣之分，它们并不直接反映在学习成绩上。每个学生都有自己偏好的信息处理方式，这使得他们在学习不同类型的知识时可能表现出各自的优势。

当学生的认知风格与教师的教学风格以及学习环境中的特定因素相互契合时，学生的学习成绩往往会得到提升。所以，教师应该深入了解并尊重每个学生的认知风格，针对不同的学习任务和学习环境采用灵活多变的教学方法。通过因材施教和正确引导，教师可以使自己的教学特点与学生的需求实现有机结合，从而取得理想的教学效果。这样的做法不仅有助于提升学生的学习成绩，还能促进他们的全面发展。

（4）学习动机的差异

学习动机就是通过激发学习者进行学习活动，使学习者朝着既定的目标或方向努力的一种心理状态，它直接推动学习者不断培养适合自身特点的学习方法，提升自身的英语水平。学习动机与学生个体的心理倾向和态度有着密切联系。了解掌握学生学习动机的特点，能够正确调动学生的学习积极性。[1] 对于学习动机，不同学者有不同的划分法。以下介绍两种常见的划分法。

①深层动机与表层动机。根据刺激 – 反应理论，可以将学习动机划分为深层动机与表层动机两大类。前者指的是学生为了满足自己的兴趣、增加知识等深层次的非物质层面的需要而刺激产生的动力；后者指的是为了获得高薪金、文凭、好的工作等表面物质层面的需要而刺激产生的动力。

学生的学习动机不同，他们的学习目标也不一样。深层动机的学生往往是为了提高自身的语言知识，因此他们对英语有着较高的要求，英语学习的热情也非常饱满，采用的学习策略也更加全面、合理。表层动机一般持续时间有限，随着刺激的停止，动机也就相应停止了，而且该类型的学生对英语学习的要求并不高。

②内在动机与外在动机。前者指的是英语学习本身激发了学习者对英语学习的兴趣，使学生能够保持英语学习的独立性；后者指的是受外在因素的影响，学生不得不学习英语。一般来说，内在动机的学生往往不会受外界的干扰，其主要涉及两个层面：一是英语本身所存在的趣味性；二是学生对英语学习的态度。外在动机学生往往主要是为了应对外界的刺激和压力，有着较大的强迫性。

学习动机对于英语教学和学习也有重要影响。如果某个学生的学习动机较为

---

① 张佩，刘晶晶. 学习动机的理论评述［J］. 大众文艺，2011（21）：278–279.

强烈，那么就说明他有着明确的学习目标，对英语学习也有很大的积极性。相反，如果某个学生的学习动机较弱，那么他在学习上就没有太大的积极性，也不会收到好的学习效果。可见，学习动机是影响高校公共英语学习的关键。

（5）情感因素的差异

①性格。性格是指一个人对现实的稳定的态度和行为方式中与之相应的表现得比较稳定的人格特征，是学生重要的情感因素，也是影响其英语学习的关键因素之一。人的性格大体可以分为外向型和内向型两种。对于教师来说，研究学生的性格差异的最终目的是充分了解学生的个体差异和不同的心理状态，使不同性格的学生发挥优势，因材施教，以获得更理想的教学效果。

②态度。学习态度一般包括情感成分、认知成分和意动成分。情感成分就是对某一个目标的好恶程度；认知成分是对某一个目标的信念；意动成分是对某一个目标的行动意向以及实际行动。通常来讲，要获得好的学习效果应该对异质文化具有好感，向往其生活方式，渴望了解其历史、文化和社会习俗等。

③自信心。自信心是对自己能力和知识水平的肯定看法和判断，是英语学习中的重要情感因素，是影响语言习得的重要因素。在自尊心和自信心受到保护和鼓励的环境中，英语学习的认知活动最有效。

自信心对于激发学生的学习动机和减少焦虑的负面影响至关重要，它有助于保障学习的质量和效果。在高校公共英语学习的过程中，那些拥有高度自信心和良好自我概念的学生通常能取得更大的学习成果。他们勇于冒险，不怕在学习中犯错，能够大胆地使用英语进行交流。相反，如果学生缺乏英语学习的信心，他们可能会避免积极的语言实践，害怕犯错，不敢冒险。这样的态度往往会让他们错过很多应用英语进行沟通交流的机会，导致学习效果不尽如人意，而且还会减弱他们的自信心，产生更大的不利情感。

（6）语言学习策略的差异

学习策略是学生采取的技巧、方法或者刻意的行动，其目的是提高学习效果。学习策略对学生的学习具有重要作用，且对高校公共英语教学的效果也具有重要影响。

①认知策略。认知策略是对知识的感知、加工、理解以及记忆时使用的方法。人脑对信息的处理遵循一定的认知规律，感知、加工、记忆和提取是信息处理的主要步骤，认知策略是一种提高学生的信息处理效率的方法。

认知策略对于高校公共英语基础知识以及语言技能的获得都有重要影响，语音、词汇、语法等基础知识的获得需要首先对这些知识进行感知，其次对其进行加工，最后达到提取应用的程度。听、说、读、写、译等语言技能的形成必须依赖于认知策略。语言技能的获得需要大量有效的训练，在训练的同时学生需要记录要点，并不断发现自己的错误并改正，这些都离不开认知策略。

②元认知策略。元认知是对认知的认知，是一个人对自己的思维以及学习活动的认知和监控。元认知能够帮助学生判断自己在学习过程中对哪些内容是理解的，哪些内容是不明白的。元认知策略还能使学生对自己的认知过程进行计划和评价。例如，制订自己的学习计划时可以很好地运用元认知策略，从自己的实际情况出发，在制定目标等时更加符合自己的现状，也就可以更好地提高学习效果。如果在计划制订的过程中没有很好地运用元认知策略，那么计划的制订和实施可能会遇到困难。总之，元认知策略对自身思维过程的控制和监督具有重要作用。

③社交策略。社交策略是指利用自己的英语知识来调节自己与他人之间的关系，促使交际活动顺利进行。社交策略能促使学生在交际过程中注意文化等方面的不同，并减少错误的语言知识对顺利交际产生的阻碍。这对大学阶段的学生而言至关重要。掌握社交策略可以有效提高他们在学习中对于西方文化等的接受度。

④情感策略。情感策略是学生对自己的情绪、动机、态度等的调节和控制方法。情绪、动机和态度虽然不会直接影响学生的学习效率，但是这些因素可以改变学生的学习积极性，进而影响学生的学习效率。

情感策略可以有效帮助学生合理调整自己的情感。在学生遇到困难时，它能够使学生选择积极的情感给自己鼓励，努力调节自己的不良情绪，改善自己的精神面貌，这样有利于提高学习效果。只有在教学中拥有比较积极的情感，学生才能在教学活动中将自己的潜能更好地发挥出来，进而促使高校公共英语教学效率的提高。

（三）教学方法

教学方法是教师为完成教学任务所采用的方法和手段，是教学活动的实际呈现形式，直接影响教学效果。高校公共英语教学是一个有目的、有计划、有步骤的教学过程，在这一过程中教师所进行的各种教学活动，都是在一定教学法思想支配下组织和实施的。

高校公共英语教学方法的发展遵循着独特的客观规律，这一规律与社会变迁、人们学习英语目的的转变、相关学科的进步以及先进教学设备的出现等因素紧密相连。作为特定历史条件的产物，各种教学法流派各有其产生、存在和发展的原因及基础，同时也具备各自的理论依据、教学思想及教学任务。尽管它们在某些方面观察细致、论证充分，展现出独特的优势，但往往在其他方面存在缺失。换句话说，每种教学法流派都有其优缺点，没有一种教学方法是完美的。每种教学方法都有其适宜的"土壤"环境，教师需要根据具体情况进行选择和应用。广大高校公共英语教师和研究者逐渐认识到，不存在一种能够彻底解决所有英语教学问题的万能方法。不管是定性研究还是定量研究，都未能确立一种被广泛认同为最佳的英语教学方法。所以，当前英语教学法的理论研究和实践探索呈现出两大显著趋势：理论的折中化和实践的个性化。在理论层面，各种高校公共英语教学法逐渐展现出相互借鉴、融合的特点；而在实践层面，人们开始采取一种更为包容和综合的态度，尝试将不同的教学法相结合，以适应不同的教学环境，满足不同学生的需求。

即便如此，在高校公共英语教学活动中，教学方法的选择和运用也有一条铁的定律，即它取决于两个方面的关键制约因素。一是教学目的和培养目标。方法是为达到目标和目的所采用的手段，不同的目的就决定采用不同的方法。二是教学条件与教学环境。客观条件与环境的不同制约着方法的选择。另外，即使采用折中的方法，将传统教学方法与新的教学方法结合起来，取长补短，这种结合也不是任意拼凑，而是要因时、因地、因人地择优组合。

（四）教学条件

1. 计算机辅助教学

从理论上讲，计算机辅助英语教学与传统教学相比具有很多优势，如在信息传递上更加形象化、个性化。图片、声音、视频和多媒体课件较之书本、黑板、板书更能激发学生的学习兴趣；在教学模式上，打破了传统教学方法的束缚，使授课过程变得直接、清晰。计算机辅助教学中的人机即时交互性可使学生得到及时反馈，激发学习主动性。此外，交互式学习环境中学生可以按照自己的学习基础、学习兴趣来选择自己所要学习的内容，可以发挥学生的主动性、积极性，才能获得有效的认知。

影响计算机辅助高校公共英语教学效能发挥的因素主要有三种，即环境变量、学习者变量和教师变量。环境变量主要指学校本身的环境以及教室环境，如学校的计算机装备条件等。学习者变量主要包括以下因素：学习者的学习动机，学业的一般基础及成绩，对计算机辅助教学的兴趣及期望，学习的方式，使用计算机的能力以及性别、年龄等。在这三个变量当中，对教师变量的研究尤为重要，教师的计算机水平直接影响计算机辅助英语教学效能的发挥。

2. 多媒体与网络辅助教学

多媒体与网络辅助教学是计算机辅助教学的一种发展形态，是以计算机技术为主导、涵盖多种媒体与网络的教学方式：一方面，教学主体借助多媒体和网络获得学习内容；另一方面，教学活动中也会吸取并发挥包括图书、幻灯片、电子白板等在内的多种媒体的特点和优势，形成合力。这一阶段的多媒体教学资源中还有专为教师服务的电子教案、试题库、基于校园局域网的外语学习系统、基于校园局域网的考试系统、基于互联网的学习资源网站、基于互联网的教师培训网站等。

传统的"教师讲，学生听"的高校公共英语教学模式很难激发学生的兴趣和主观能动性。教师由于自身知识面的限制，能为学生提供的信息有限，无法满足学生的个性需求。相比之下，多媒体与网络辅助教学存在诸多优势。第一，多媒体与网络辅助教学具有资源优势，教师可以充分利用网络获取资料，充实教学内容；高校公共英语课堂中最需要的是真实的语言、真实的语言环境，而把真实的语言引入课堂，创设真实的语言环境，恰恰是现代多媒体网络技术的专长。第二，多媒体网络技术能够使教学内容的呈现更生动、丰富，更易调动学生的学习积极性。

多媒体网络技术通过集成音频、视频、图像、动画和文字等，运用二维和三维技术手段将教材中的静态图形转化为动态展示，深入揭示其隐含的运动变化因素，从而丰富教学内容，帮助学生更透彻地理解事物的内在本质。其直观、形象的特性为学生提供了多感官的学习体验，有效激发他们的好奇心和求知欲。在教学过程中，教师以多媒体网络技术为关键的教学工具，将教学内容以多元化的形式——文字、声音、图像和动画等——进行呈现，并通过电子课件和网络平台等传递给学生。这种整合不仅实现了教学内容与教育资源的优化配置，还全面调动了学生的感官参与，显著提升了他们获取知识的兴趣和动力。这样的应用推动了教学方法从传统向现代的转变，为教育创新注入了新的活力。

二、客观因素

（一）政策因素

政策因素指的是教育行政管理部门根据社会、政治、经济等方面对人才的需求等制定的相关的高校公共英语教育政策。这些高校公共英语教育政策会对英语教学提出具体化目标，这些目标可以使教学活动更具有针对性，提高人才培养的实用性和现实性。

影响高校公共英语教学的政策因素可以分为以下三个方面。

第一，高校公共英语教学是影响我国发展和人才培养的重要因素。高校公共英语教学对学生的整体素质、能力、知识结构等产生重要影响，且这些因素会对社会的发展产生影响。

第二，国家政策不仅为高校公共英语教学制定相关的政策和目标，还对教师的工作进行监督、分析和评估。国家政策对于教师的工作热情和积极性具有重要影响。奖罚分明的制度能够有利于教师在自己的工作岗位上兢兢业业、刻苦钻研、辛勤付出，为国家培养出更多优秀的英语人才。

第三，学生的分配、政策所规定的学生获得的相关证书等都会对其以后的毕业和工作产生重要影响。

（二）教学内容

教学内容是教学活动中为实现教学目标，师生共同交互的知识、技能、技巧、思想、观点、概念、原理、事实、问题以及行为习惯的综合体。它是一个独特的知识体系，既不同于单纯的语言知识，又区别于日常的生活经验；既要考虑公共英语学科本身的知识体系，又要考虑学生的年龄特点和实际需求等。通常来讲，教学内容主要包括以下五个方面。

①语言知识是语言学习和语言应用的重要内容之一。英语语言知识是综合英语应用能力的有机组成部分，英语语言能力的形成是以语言知识为基础的。

②英语语言技能主要包括听、说、读、写、译五个方面，它们是形成语言综合应用能力的基础和必要手段。在大量听、说、读、写、译等专项及综合性训练中，学生将会逐步提高这几种技能的综合应用能力，为真实的语言交际奠定基础。

③情感态度是指兴趣、动机、自信、意志和合作精神等影响学生学习过程和学习效果的相关因素。积极的情感态度有利于发挥学生潜在的各种技能；相反，消极的情感态度会阻碍学生语言学习能力的养成。因此，教师在教学中应不断激发并强化学生的学习兴趣，引导他们逐渐将兴趣转化为稳定的学习动机，从而形成积极的情感态度。

④文化意识是指所学语言国家的地理、历史、风土人情、传统习俗、生活方式、文学艺术、行为规范、价值观念等。关于语言和文化的认识，美国语言学家萨皮尔（Sapir）曾经这样说过："每一种语言的背后都有一些东西存在，任何语

言都离不开文化而独立存在与发展。"① 对于高校公共英语学习者来讲，接触和了解英语国家的文化可以加深其对英语语言的理解和使用，提高其人文素养，培养其世界意识。因此，教师在英语教学中要根据学生的年龄特点和认知能力，传授文化知识，培养其文化和世界意识。

⑤学习策略是指学生为有效学习和发展而采取的各种行动和方法。培养学生的学习策略可以促使他们有效学习，为终身学习奠定基础。好的学习策略可以改进学习方式，提升学习效果，还能使学生学会如何学习，从而形成自主学习的能力。

（三）教学环境

1. 教学环境的要素

教学环境是一个由多种不同要素构成的复杂系统。广义的教学环境是指影响学校教学活动的全部条件，可以是物理环境和心理环境；狭义的教学环境指班级内影响教学的全部条件，包括班级规模、座位模式、班级氛围、师生关系等。在此将教学环境的要素总结为以下几个方面。

（1）社会环境

社会环境是教师和学生可以利用的资源，是影响高校公共英语教学的重要客观因素之一。一般来说，社会环境因素可以分为两个层面：物质环境因素和文化环境因素。

在高校公共英语教学中，物质环境处于基础地位，如是否具备适宜的学习场所、是否具备完善的图书资料和学习设施等。良好的物质环境有助于教师展开教学、学生展开学习，尤其是近些年来，现代信息技术（如多媒体、网络等）的应用使学生可以从自身的实际情况出发来选择学习内容、制订学习计划。同时，学生也可以自主安排学习时间、地点，还能够在学习中主动提出问题并针对问题寻求帮助。可以说，现代信息技术的迅猛发展在一定程度上为教师的教学与学生的英语学习提供了更多的机会。

文化环境一直贯穿于高校公共英语教学的过程中。文化环境对于教师的教学方式、价值观念、思维方式等都会产生重要影响，也会影响学生的英语学习策略的形成和使用。

（2）学校环境

为学生提供学习场所和学习手段的最佳环境就是学校。学校环境对高校公共英语教学的影响是最重要和最直接的，它决定着多数学生英语学习的成败。学校

---

① 郑晓波. 浅谈英语教学中文化意识的渗透［J］. 中国校外教育，2016（增刊1）：103.

环境主要涉及以下两个方面。

①教学设备。教学设备是学校教学的重要组成部分。学校教学设备包括很多方面，教室、图书馆、实验楼、办公楼、宿舍等都属于学校的教学设备。教学设备的完善程度直接影响着高校公共英语教学活动的开展。好的教学设施，如教学楼以及图书馆等都有助于增强学生的学习意识，语音教室和多媒体设备可以为学生的英语口语学习提供必要的技术支持，学生可以通过语音教室等提高自己的口语水平，这些设施也在一定程度上缓解了学生的学习疲劳，有助于激发其英语学习兴趣。总之，这些现代化的教学设备为英语教学提供了很好的环境。

②教学信息。现代化的教学设施不仅可以为学生提供一些学习的工具，还可以拓宽学生的信息渠道。学生的公共英语知识不仅可以通过教材和课本获得，还可以通过互联网等来获取。高校公共英语学习需要实践，只在课本中学习英语是远远不够的，因此，现代化的信息网络技术为英语学习提供了很好的信息来源，使学生能够通过互联网等进行学习，并与外界的英语世界进行交流。

（3）个人环境

个人环境也会对学生的英语学习产生一定的影响。个人环境一般包括学生家庭的物质生活条件，家庭成员的文化水平、职业特点及其对英语学习的态度、经验、水平、学习方式，成员之间的关系及感情等。

2.教学环境对高校公共英语教学的影响

①教学环境能使教师在教学中更加努力地营造良好的课堂环境，充分利用现代化教学设备，优化教学环境，提高学生英语应用能力。

②教学环境可以帮助教师正确认识环境对学生英语学习的影响，结合我国高校公共英语教学的现状，理性地分析、判断和选择其他国家英语教学的理论和方法。

③教学环境可以帮助教师有效地加工语言输入材料，科学地设计语言练习，创造良好的课堂英语使用环境。

④教学环境有利于教师在不断学习和实践中优化课堂教学环境的策略，以及在创设良好的英语教学环境的过程中，提高其自身的教学素质。

（四）评测方式

在互联网背景下的高校公共英语教学中，合理运用评价体系是提升教学质量的有效方式。按照教育评价在教学过程中的目的和作用，将其分为三种类型：诊断性评价、终结性评价和形成性评价。目前，高校公共英语教学评测中使用最多的便是终结性评价和形成性评价。

1. 终结性评价

终结性评价是在学期、课程或项目完成后使用的一种评价方式，其主要目的在于给出分数、评定等级、评价学习进展，或深入研究课程、研究项目及教育计划的实际效果。其最显著的特点是，在学习或教学结束后评判学习或教学的成果，具有显著的总结性质，能够对学习或教学效果提供全面的评价。

虽然终结性评价是高校公共英语教学中经常采用的评价方式，但终结性评价存在负面影响：终结性评价往往只重视结果而不看重过程，具有一定的片面性；长期以纸笔考试或标准化考试成绩为本的终结性评价，其评价过程往往与教学过程脱节，其测量结果主要反映学生对知识片段的掌握程度，而非对知识的综合应用能力。这种评价方式对教学改革产生了一定的负面影响，导致教师倾向于应试教育，过度注重考试知识点的传授，而忽视了对学生创造力及多元化理解能力的培养，更为关键的是，将考试成绩作为衡量学生学习能力和教学质量的唯一标准，无形中强化了分数的作用，不利于激发学生英语学习的积极性，也不利于学生保持学习热情。

但与此同时，终结性评价也有其积极意义。高质量的终结性评价可以起到支持学习的作用。一方面，如果终结性评价的内容、格式和设计使终结性评价能充分代表某学科的内容，那么备考过程则成为一种宝贵的学习经验；另一方面，参加考试可以帮助学生记忆考试过程中处理的信息，并借此减缓知识遗忘的速度。

2. 形成性评价

形成性评价是一种持续贯穿于教学过程各阶段的反馈与纠正机制。它依赖于教师和学生通过小测验等形式进行的互动评价，旨在支持并优化教学活动。在这一过程中，学生信息（涵盖学习成果与学习过程）经由评价者（即教师）运用适当的评价工具（如检查表、评分准则等）进行系统的分析、阐释。这些经过评价的信息随后被反馈至评价者，用以调整教与学的策略，进而促进学生语言能力的发展。其核心在于评价者的判断能力，要求评价者能够灵活采用、调整和设计多样化的任务（如课堂提问、任务完成、纸笔测试、档案袋记录等），以全面收集学生的信息。

形成性评价对学习具有促进作用。它为学生提供相对有安全感的学习环境，重视对学生学习过程的评估和评判。它通过多种渠道多种方法收集、综合和分析学生日常学习的信息，了解学生的知识、能力、兴趣和需求，着眼于学生潜力的发展，通过教学过程中的不断反馈，使学生在反思和纠错中不断成长。它使教师看到教学意图和教学效果之间的差距，从而改进教学。高质量的形成性评价模糊了教学、学习和评价之间的关系，创造了一种师生合作探究的课堂学习方式，师生互动的质量得到提升。

3.测试的反拨作用

语言测试和语言教学相互联系、相互影响，测试作为促进学习的手段，要适应教学的需要，或作为测量学生语言行为的工具，来调整教学使其尽量达到测试要求。因此，在互联网背景下的高校公共英语教学过程中，测试既为教学服务，又直接影响教学内容，对教学产生一定的反拨作用，这种反拨作用或有益于教学，或妨碍教学。换言之，语言测试的反拨作用就是指语言测试对语言教学产生的影响。测试反拨作用可能是正面的，也可能是负面的。正面反拨作用是指测试对教学产生人们所期望的影响，而负面反拨作用是某一被公认为"质量差"的测试对教学产生的不利影响。

有关测试反拨作用的正面性和负面性，语言测试史上曾有过四种不同的观点。一种观点认为测试所产生的反拨作用绝大部分是负面的。持第二种观点的学者却采取积极的、正面的态度来看待测试的反拨作用，认为测试可以产生正面的反拨作用。持第三种观点的学者认为，不能笼统地说测试的反拨作用一定是正面的或是负面的，判断是否为正面反拨作用主要依赖测试的质量，如果测试质量好，那么它就会对教学产生正面的影响；如果测试质量差，那么它就会对教学产生负面影响。持第四种观点的学者认为，反拨作用的正面性和负面性可以独立于测试质量之外，受教育系统中其他因素的影响，质量差的测试可能会产生正面反拨作用，而质量好的测试也可能产生负面反拨作用。

第二节　互联网背景下高校公共英语教学存在的问题及其成因

一、互联网背景下高校公共英语教学存在的问题

（一）教学工作方面存在的问题

1.教学成分比例方面的问题

在高校公共英语教学中，各教学成分所占比例是否均衡在很大程度上决定了

教学的质量。教学成分主要包括三个部分：在课前形成的环境、在课中临时形成的环境、在课后临时形成的环境。课前环境包括教室硬件环境、教师教学水平、生源水平以及教室信息化水平等；课中环境主要包括师生关系、生生关系以及师生持有的情感心理等；课后环境则包括自学氛围、学习反馈和评价等。

经过几十年的发展，传统的高校公共英语教学已经处于相对稳定的状态，各教学体系、教学环境和教学资源已处于统一、协调的体系之中。然而，随着信息技术的出现，这种相对平衡的状态被打破，学生与信息技术之间、教师与信息技术之间、学校与信息技术之间开始产生矛盾。其中，英语教学的水平难以满足信息技术的发展是最为突出的矛盾之一。

随着大量现代信息技术融入高校公共英语教学，信息化元素逐步占据了其他教育元素的空间，使得教育空间内各元素比例日趋失调。在各元素发展中，信息化元素遥遥领先，与其他发展较为缓慢的教育元素在使用数量和使用频率方面存在明显差异，两者缺乏发展的一致性和协调性。

教师、学生都是推进信息化教学模式的重要因素，其中任何一个环节的发展滞后都会造成现代信息技术元素与教师信息素养、学生信息素养发展不协调的尴尬局面。例如，教师的信息技术水平没有达到信息化教学的要求（如无法系统地获取信息技术理论知识，无法全面地领会信息化技术培训内容，无法根据现实的岗位需求建构与时俱进的教学模式，无法指导学生正确地使用信息技术设备，无法协助信息技术企业设计科学合理的英语实践实验），或者学生的学习模式无法达到信息化学习要求（如无法主动地参与合作学习，无法独立地进行自主思考，无法熟练地使用信息技术），都会导致教学矛盾突出、教学效果难以实现等问题出现。

2. 教学模式方面的问题

教学模式包括教学内容、教学目的、教学方法、教学流程、教学资源等方面，是各种教学因素和教学过程的统一体，蕴含了特定的教学思想和观念。随着越来越多的信息化元素被应用于高校公共英语教学中，以信息技术为基础的教学模式应运而生。然而，信息技术的使用与高校公共英语教学模式之间的矛盾也随之日益显现，究其原因，主要可概括为以下三个方面。

第一，目前部分高校采用的教学模式虽然有信息化的外表，但内在仍然是传统的模式。部分高校认识到了信息化教学的独特优势，并主动为学生提供了先进的信息化学习软件和硬件设备，如信息化实验室、信息化教学平台、数字图书馆等；但是，这些高校并未深入推进信息化英语教学模式的改革，仍旧运用传统的教材、传统的教学方法、传统的信息传递方式来开展公共英语教学。这种教学模式过滤了信息技术的特有功能，忽略了信息化教学的本质，难以有效实现将信息技术运用于高校公共英语教学的理念。

第二，要实现信息化教学模式有一定困难。例如，在信息化学习中，个别学生存在积极性低和自主性差等问题，这就使得教学模式与信息技术难以按照预期发生交互，学习效果也会随之大打折扣；又如，个别教师的教学方法使用不当，未与学生进行及时的沟通和交流，既缺乏网络的监督又缺少课堂的检查，信息化学习的效率也难以提升。

第三，信息化教学模式的设计有时会存在一定的局限性。某些教学模式的设计倡导学生通过网络自主学习各项语言技能，并辅以线下课程，对听、读、写、译四种技能进行强化训练。这看似是一种新型的混合式教学模式，但实际上这种教学模式未能充分发挥线上教学的优势，未能合理地将课堂教学与网络教学有机衔接，难以在教学过程中有效发挥协同作用。

3. 课程设置方面的问题

（1）高校公共英语专业定位与市场需求联系不紧密

随着经济全球化的发展，社会上对英语高端人才的需求也越来越多。在这种人才紧缺的情况下，很多企业都希望各院校能够培养出一些具有通用英语能力和商务英语能力的复合型人才，但多数高校公共英语设置的课程主要注重学生的通用英语学习，而忽略了公共英语职业性的本质，使得高校公共英语专业定位与市场需求联系不紧密。

（2）高校公共英语课程体系构建有待优化

很多人认为，高校公共英语课程体系的构建应该强调语言，在这种理念的驱使下，高校公共英语课程中与实用英语有关的课程开设得较少，不能从多方面来提高学生的综合素质，也不能进行多方面的体系评价。整体来说，理论性课程和实践性课程结合度有待提高。

（3）教学资源分配有待优化

有的院校对公共英语教学资源分配有待优化，必修课和选修课在学时分配上不够合理，必修课和选修课有些内容是重复的，这样就难以达到必修课的教学效果，而且选修课的教学质量也没有得到保证。有的院校的公共英语教学没有引进新知识、新理论，导致学生的认知和学习能力与新时代联系不够紧密。

4. 教材建设方面的问题

教材在很大程度上决定着课程的教学目的和教学方法，因此，对于任何一门课程而言，教材的设计和选择都非常重要，甚至决定了这一门课程教学的成功与否，高校公共英语教学也不例外。

目前，我国高校公共英语教材在内容选择上重文学、重政论，忽视了现代的实用型内容。互联网背景下高校公共英语教学的教材设计主要存在两个方面的问题。

一方面，缺乏适合的主教材。目前，国内出版的个别教材存在内容陈旧、形式单调、操作性和实践性不足等弊端，不能满足现代教学和学生学习的实际需求。同时，国外出版的高校公共英语教材虽然面向广泛的社会群体，但设计和内容往往不能完全契合中国学生的学习背景和实际需求，其中还缺乏真实、贴近实际教学环境的情境设置。

另一方面，缺乏相关的实训教材。目前国内出版的部分教材理论性过强，没有相关的实践课程。因此，要想提高学生的英语实践能力，出版相应的实训教材势在必行。

5. 教学评价方面的问题

教学评价是所有教学活动中较为重要的设计与安排之一。不论是发生于教学之前的诊断性评价、贯穿于教学过程之中的形成性评价，还是教学结束时的终结性评价，其目的都在于维持教学活动的正常运行，时刻修正教学行进的方向，从而达成学习目标。在完整的教学流程中，多种评价方式共同发挥作用。于学生而言，获得良好的学习反馈不仅是完成学习活动的目标之一，更是获得学习动力的有效途径。

在现代信息技术广泛运用于高校公共英语教学的背景下，许多传统教学中存在的评价难题迎刃而解。利用信息技术进行教学评价主要有两方面优势。其一，它可以解决传统评价难以准确量化平时成绩的问题。信息化教学可以实时记录学生的在线学习轨迹，对英语课程的学习情况进行跟踪和记录，包括在学习平台上的学习时间、浏览内容、作业完成数量、作业完成准确率、发帖数量、互动活跃度等数据，并生成相应的学习日志。教师通过查看学习日志可以快速获得学生的学习数据，了解学生的情况，并据此对每一个学生的学习表现做出准确反馈，同时也可以根据这些信息及时地调整教学设计和教学内容，以便对学生进行合理的指导。其二，它可以解决传统评价单一化的问题。借助网络平台，学生可自主上传作业、发表评论、参与讨论，教师与学生也可以在其中进行合作学习，并形成师生间、生生间的多向评价，建立多元化的评价机制。

然而，信息化教学评价在实际应用中仍存在一些问题。一方面，一些高校虽然建立了网络评价系统，但在实际教学中却极少利用信息技术开展学生自评或同学互评，传统的纸质化评价仍占主导。另一方面，部分高校在评价体系的设计上存在不足。例如，存在各个线上任务的比例分配不合理、教师对评价的参与度过低、过度依赖软件评价等问题。

（二）教学主体方面存在的问题

1.教师方面存在的问题

（1）教师教学能力存在差异性

对于互联网背景下的高校公共英语教学而言，教师水平参差不齐也是不利于英语课堂教学的重要因素之一。目前，在互联网背景下高校公共英语教学中，对于学校而言，教师队伍建设仍有待加强，个别教师对于互联网背景下高校公共英语教学不具备较为完善的认识，不能有效推进英语教学工作。

（2）教师对学生的英语核心素养的培育力度不足

互联网背景下的高校公共英语教学在核心素养的培养上存在几个问题，具体包括：英语课堂教学的核心素养培养目标与实际联系不够紧密；学生对所学的英语知识不能学以致用；有些学生缺少开展丰富英语活动的机会与条件；学生不能够很好地内化英语课堂教学知识；英语的某些教学形式不够贴合学生的核心素养培养。

（3）高校公共英语教学人员的组织结构有待完善

现有的高校公共英语从教人员的组织结构有待完善，主要体现在英语教学工作、业务划分、分组和协调、规划的合作与实施等方面。主要存在的问题：没有很好地协调整个专业系统的管理，没有聘请经验丰富的专家，没有请高校内部和外部的相关专业课程的专业教师等。

2.学生方面存在的问题

在英语学习过程中，学生需要接收、消化来自教师和环境的大量学习信息和学习资源。因此，为了更有效地学习，学生需要借助一种科学有效的工具来协助自己完成信息的处理和加工。然而，有些学生在实际学习中，由于信息素养缺乏等问题，仍无法有效利用信息化教学模式开展学习。

第一，有些学生现有的自主能动性无法达到信息化教学的要求。目前，有的学生在学习方面存在惰性，没有明确的英语学习目标，自主学习能力差，对待信息化学习偷工减料、敷衍了事。例如，对于线上视频作业，部分学生不会全程观看教学视频，而是采用快进或者挂机的方式完成视频学习任务。

第二，个别学生的学习理念不够先进，无法达到信息化教学的要求。在语言教学中，网络作为巨大的资源库，将所有的英语学习资源整合到了一起，能够对语言学习进行有效补充，能够方便学生随时随地地使用和存储学习资源，推动英语学习进程；但是，个别学生却以消极的态度对待信息化学习，不愿意接受网上互动的交流模式，对微课视频学习敷衍了事，伪造虚假的网上学习记录。这样消极的学习理念，因其落后性、封闭性，会导致学习的停滞不前，也会使信息化教学难以有效推进。

3. 师生合作方面的问题

教学主体是高校公共英语教学的关键组成部分，它可分为教学个体与教学群体两部分，前者包括教师和学生个体，后者包括教师群体、学生群体、教师与学生相融合的群体及其中互相联结、互相影响的复杂关系。

高校教学对师生交互有较高的要求，理想的师生互动具有方向一致、方法一致、沟通顺畅等特点，但是，就当前信息化教学的实践而言，在教学体系、教学模式逐渐走向信息化的过程中，师生关系逐渐失去协调性，学生的认知与情感也出现了失衡的现象。上述失调主要体现在教与学目标不一致、教师与学生情感沟通不到位等方面。

究其根源，一方面，个别教师在制订教学计划和教学大纲的过程中没有形成正确的信息化教学认知，未能与学生及时地进行沟通，未能倾听学生对于信息化教学的诉求，教师方面的不足导致新型信息化教学模式和教学设计与现实联系不够紧密，其教学设计难以贴合学生的学习水平，难以满足他们的实际需求；另一方面，在教学活动过程中，个别教师过于依赖计算机平台和网络媒介对学生进行指示和反馈，对学习进程和学习情况缺乏全面的关注和指导，忽视了学生的情感因素，忽略了师生间的沟通和交流，如此，会使学生产生孤立感，降低学习兴趣和动力。例如，当学生在技术操作中遇到困难，在人机交互中碰到阻碍，在小组合作中产生分歧，在自我思考时陷入困境时，如果教师没有给予及时的指导和帮助，学生的学习进程就难以推进，学习的积极性也会受挫。

通常，人们将现代信息技术视作传播知识的工具，而忽略了它在情感传输方面的重要作用。事实上，正确使用信息技术工具有利于实现师生之间的情感交互。例如，在传统的高校公共英语教学中，课后问题和上交的作业往往只能在课堂上得到解决与反馈；而在信息化教学中，学生可以通过移动教学应用软件或网络教学平台发布消息参与讨论，教师也能即时地接收学生的问题和建议，并能进行实时回复。相比传统的教学方式，信息化教学拓宽了信息传递的渠道，加快了信息交流的速度，加强了师生间的互动，有助于师生情感的沟通和传递。由此，为有效实践信息化教学，除了强调学科知识和技能的学习，教师也应该注重对学生情感的培养。无论是在教学前制定教学模式和教学体系，还是在教学活动进行时，教师都应避免师生间在目标、理念、交流、沟通等方面出现难以协调的问题，尽可能减少教与学之间的矛盾。同时，教师也应该利用信息化教学利于传输情感的作用，与学生进行及时的沟通与交流，适当地对学生进行指导，倾听他们的诉求，从而加强师生间的互动，实现师生关系的协调发展。

（三）英语知识教学方面存在的问题

1. 语音教学中的问题

（1）对语音教学重视不够

语音不仅是语言的基本要素，还是语言赖以存在的基础。可以说，世界上所有语言不一定都有文字形式，但一定有各自的语音。因此，英语语音教学也应该是整个高校公共英语教学发展的起点。然而，在实际教学中，对语音重视不够的情况并不少见。这一现象不仅表现为个别教师对学生的发音问题不认真纠正就放过，还表现为有些学生的语音基本技巧不纯熟，无法快速地将字母和语音联系起来，达不到直接反应的水平。总之，对语音教学的重视不够会直接导致学生语音基本技巧的自动化程度不够。这一问题不仅阻碍高校公共英语的后续教学，而且影响学生的语言能力和各项语言技能的发展。

（2）教师语音不标准

作为语言的基本功，语音看起来简单，但实际上要想做到发音准确是十分不易的。个别英语教师自身也存在发音不准确的问题。还有个别英语教师不分英式发音和美式发音。

2. 词汇教学中的问题

（1）教学方法单一

词汇是大部分学生在英语学习过程中最头疼的部分。词汇的记忆和使用往往令学生感到枯燥、乏味，而综观我国的高校公共英语词汇教学可以发现，大部分教师依然采用传统的教学方法，即"教师领读—学生跟读—教师讲解重点词汇用法—学生读写记忆"。这种教学方法单调、乏味，学生处于被动学习的地位，这无疑加剧了学生对词汇学习的抵触情绪，词汇教与学的效果都不会太好。

（2）与实际生活联系不够

词汇教学方法的单一导致词汇的呈现、讲解大多局限在黑板和教师的口头讲述上，这意味着其与实际生活的联系也十分微弱，从而难以引起学生学习词汇的兴趣，也使教师无法因材施教。

（3）缺乏系统性

英语词汇的教与学都有一定的系统性。把握好这种系统性有助于加强词汇之间的联系，从而提高词汇教学的效率和效果。然而，目前我国多数的英语词汇教学却缺乏这样的系统性。这就容易使得学生在记忆、复述、联想、应用这些词汇时陷入一种无章可循的散乱状态，最终导致学生的英语词汇学习效果不佳。

3. 语法教学中的问题

（1）教学环境有待优化

语言环境对语法教学的影响很大。若语言环境有利，则便于学生在真实的语境中理解和使用语法。若语言环境不利，就会对语法教学产生一定的阻力。在我国，高校公共英语教学是在汉语的环境下进行的，而英汉两种语言又分属于不同的语系，这就使英语语法教学处于一个不利的语言大环境之中。另外，国内部分高校英语语法课堂教学中，教师采用汉语授课，更加大了语言环境的不利影响。

（2）教学方式单一

"先讲语法规则，后做练习"是我国高校公共英语语法教学中最常使用的教学方法。然而，这种教学方法使学生处于被动的接受地位，无法调动学生学习的积极性。这种教学方法往往会令学生感觉好像听懂了、会用了，可是到使用的时候又感觉很陌生，尤其是当几个语法现象共同出现的时候，学生往往就会不知所措。

（3）教学时间不足

在缺乏英语大环境的情况下，我国高校公共英语语法教学要想取得成绩，主要靠课堂的教学效果。然而，英语课堂教学除涉及语法教学以外，还涉及语音、词汇、听力、口语、阅读、写作、翻译等方面的教学，这样一来，用于语法教学的时间就少之又少。教学时间的不足也是制约英语语法教学效果的一个重要因素。

4. 忽视了文化教学的重要性

各国文化都蕴含着深厚的底蕴和丰富的内涵，学习一门语言必然需要理解并掌握其背后的文化元素。然而，由于教师和学生的时间和精力十分有限，不可能全面深入地掌握每一种文化的所有细节。对于我国学生来讲，主要有三个方面的文化元素影响着交际：①语言的文化内涵的异同；②中西文化习俗、行为规范等方面的异同；③中西文化价值观的异同。然而，我国的教师和学生都认为，学好英语只需要学好语音、语调、语法和词汇等知识，但实际上，即使掌握了这些知识，如果不了解中西文化的差异，仍然会影响交际活动的开展。

由于我国教师和学生对高校公共英语学习的误解，教师的教和学生的学都把重点放在了语言知识上，而忽视了英语文化的学习。这就导致学生在和外国人交际时常出现各种误解和麻烦。例如，一些学生习惯直接用姓称呼外籍教师，这会引起外籍教师的不满。因为，在英语国家用姓作称谓只限于几种少数情况（如监狱看守对囚犯的称呼，教练对球员的称呼等），而称呼教授一般是"Professor+姓"。

总之，语言是交际的工具，如果不了解各种语言所承载的文化，不了解各文化间的差异，就很难顺利地进行交际，那么语言的学习就失去了意义。

二、互联网背景下高校公共英语教学问题的成因

（一）高校公共英语教学体系有待完善

在互联网背景下的高校公共英语教学中，个别学校的英语课堂教学模式却受到传统教学模式的影响与制约。在教学中，教师更多地关注部分英语学习能力较强的学生，对于英语学习能力较弱的学生往往关注度较低，这意味着对于互联网背景下的高校公共英语教学而言，教师难以有效地促进学生之间的团队合作与英语活动，难以促使各类英语课堂教学与英语活动顺利开展。与此同时，在传统的英语课堂教学中，其并不鼓励学生积极开展英语实践，因而，各类学生的英语实践、展示机会相对较少，这都不利于英语教学的质量提升与效率提高，也使英语教师缺乏自我上进的积极性，难以促进教师本身的英语课堂教学技术提升与学生英语学习能力的提高，这都不利于互联网背景下高校公共英语教学的不断发展与全面进步。

在互联网背景下的高校公共英语教学中，教师通过让学生解决英语实践的实际问题，使学生获得英语的知识和技能，以此不断提高学生的英语学习能力与核心素养。对于互联网背景下的高校公共英语课堂教学而言，在全面分析英语课堂教学的传统性因素状况时，发现其存在几个方面的主要问题，具体包括：英语课堂教学体系的框架结构有待合理化；英语课堂教学的广泛性不足；英语课堂教学中的沟通性较低；英语课堂教学的教学程序有待完善；英语课堂的教学内容有待更新；英语的课程教学与英语的实践教学之间的紧密性需要提高；英语课堂教学

需要面对教育培育的多样化需求；英语的课程体系调整能力有待提升；英语教育的教学形式有待丰富。

（二）高校公共英语教学目标不清晰

在互联网背景下的高校公共英语教学中，对英语教学的传统因素的重新审视与反思，使教师重新思考在英语教育大发展的形势中应该教什么、学什么。如果发现人才，并重视人才的话，教师就必须将人力资源因素考虑在英语课堂教学的目标定位之内，将目前学校教育中的片面化现象纠正过来。教育体系需要各种各样的英语人才。每一种人才的培养都应有其特殊的培养方式，如在英语领域中，需要学生具备较强的英语核心素养，需要学生具备较强的英语学习能力。

综观我国的英语教育，可发现英语课堂教学中，学生的英语学习能力培养、核心素养的培养与目标定位的不明确因素。培养目标没有纳入整个大的教育视野下，学生英语学习能力培养目标的界定模糊不清，没有突出符合教学发展需求的英语学习能力的培养与学生核心素养的培育是英语教育的关键。

（三）高校公共英语教学与核心素养培育需求之间存在差距

在高校公共英语核心素养的创新培养中，虽然近年来，诸多学校的英语教学方面得到了较快的发展，基本形成了初具规模的英语课堂教学体系；但从大部分学生的英语核心素养来看，从学生的英语学习能力来看，存在明显不适应的现象。在互联网背景下的高校公共英语教学中，以课堂形式传授英语基础知识的英语教育与直接获取英语经验、英语学习能力为主的教育形式正在发生矛盾，因此，应从根本上解决英语教学与核心素养培育需求之间的问题，缩小学校英语教学与需求之间的差距，进一步培育学生的英语核心素养，促进学生英语学习能力的发展，具体包括：第一，进一步培养具有较多英语知识的学生；第二，进一步培养具备较高素质的英语学生；第三，进一步培养具备较强英语学习能力的学生；第四，进一步培养具有较强核心素养的学生。

在互联网背景下的高校公共英语教学中，英语教育的终极目标是使学生真正获得英语学习能力，以此促进学生英语核心素养的培育，建立起一整套教学、研究、实践三位一体的英语课堂教学模式，为互联网背景下的高校公共英语教学夯实基础。

第四章　信息技术与高校公共英语
课程的整合

信息技术与高校公共英语课程整合在我国已开展多年，已经取得了一定的成效和发展。以互联网技术和多媒体技术为核心的现代信息技术，助推了高校公共英语新型教学模式的实践运用，丰富了教学的形式和内容，改变了教师和学生的学习观念和学习习惯，信息技术对高校公共英语课程体系的发展具有重要意义。本章围绕信息技术与课程整合的理论、原则和方法，信息技术与高校公共英语课程整合的意义，信息技术与高校公共英语课程整合的重点，信息技术与高校公共英语课程的课内整合，以及信息技术与高校公共英语课程的课外整合等内容展开研究。

第一节　信息技术与课程整合的理论、原则和方法

一、信息技术与课程整合的理论

（一）信息技术与课程整合的内涵

信息技术与课程整合就是要用整体的辩证联系的观点，对课程设置、教学设计、教学评价等这些教学系统的各个因素之间的关系进行研究，最后将其有机联系，使之成为一个教学整体的过程。广义的课程整合是指在保持课程设置的名目不变的情况下，使课程目标、教学手段与内容等课程要素相互渗透补充，形成一个整体。狭义的课程整合通常是指只考虑到各门原来相互分裂的课程之间的有机联系，将这些课程综合化 ①。

---

① 尧有平，韦抒，李士丹. 课程整合与综合项目教学法相结合的实践［J］. 广西教育，2008（9）：25-26.

（二）信息技术与课程整合的理论基础

信息技术与课程整合的理论基础主要包括行为主义学习理论、认知主义学习理论和建构主义学习理论。行为主义学习理论强调可观察到的行为；认知主义学习理论解释行为背后的思维过程；建构主义学习理论把学习看作一种学习者积极、主动建构知识的过程。下面我们详细论述这三大学习理论。

1. 行为主义学习理论

行为主义学习理论又叫刺激 – 反应理论，主要研究可被观察和可被测量的行为。行为主义学习理论主要由美国心理学家爱德华·李·桑代克（Edward Lee Thorndike）的尝试错误理论、俄国生理学家伊万·巴甫洛夫（Ivan Pavlov）的条件反射理论和美国心理学家伯尔赫斯·弗雷德里克·斯金纳（Burrhus Frederic Skinner）的操作学习理论组成。

巴甫洛夫的学习理论为英语学习提供了深刻的启示：揭示了学习者是如何在外部刺激或影响下发生语言行为变化的。这一理论指出，英语学习的核心在于构建英语的反射系统，这需要通过频繁而密集的相关刺激信号来促使人脑对英语产生即时的反射。在英语学习中，新旧知识之间的联系与联想至关重要。因此，英语教师在教学过程中应高度重视利用已知的知识和情境来引入新知识，建立新旧知识之间的联系。通过这种方法，教师可以将学生已经掌握的知识和情境作为刺激物，激发学生的大脑皮层活动，从而更有效地帮助学生掌握新知识。

斯金纳的操作学习理论认为，教学的实质是纠正学习者学习行为的过程。教学过程中很可能发生与教师期望值相吻合以及相背离的学习行为，这时教师可以借助奖赏和惩罚这两种方式来予以强化。强化分为积极强化和消极强化。如果加强环境中的某种刺激，个体的反应概率也随之加强，那么这种刺激称为积极强化。相反，当减弱环境中的某种刺激，导致个体的反应概率相应减少时，这种刺激则称为消极强化。对于学习者的学习行为，积极的鼓励有助于形成良好的学习习惯，而惩罚措施则可能使学习者转变学习行为。

2. 认知主义学习理论

认知主义学习理论是在桑代克的行为主义学习理论之后提出的又一重要理论。该理论认为，学习过程是学习者主动进行认知活动，并与外部环境刺激相互作用的结果。认知主义学习理论特别强调学习者的学习过程、记忆机制，以及新知识的获取、处理和加工方式。认知主义学习理论主要包括格式塔心理学的学习理论、美国教育心理学家杰罗姆·布鲁纳（Jerome Bruner）的认知 – 发现学习理论和美国哲学家艾弗拉姆·诺姆·乔姆斯基（Avram Noam Chomsky）的语言习得理论。

格式塔心理学的学习理论中，格式塔又被翻译成"完形"，即整体的结构。完形是一种心理的结构，是在机能上可以相互作用的整体组织结构。总体而言，为了保持与完整客观世界在结构上的平衡，个体必须在心理上采取适应变化的策略。当环境中的客体发生变化，导致原有的整体结构出现空缺时，个体会通过补救这些空缺来恢复平衡状态。因此，在学习过程中，个体会利用填补空缺的方式来构建新的整体，从而适应并理解新的信息。在高校公共英语教学中，英语教师要让学生知道语言是一个整体，必须厘清各个要素之间的相互联系性，从而在英语的各个要素之间建立有效的格式塔。

布鲁纳的认知－发现学习理论对于英语教学具有重要的启示：在英语教学时应以启迪为主。启迪式的教学方式可以使师生处于相互配合的状态，一方面，教师起到引导的作用，另一方面，学生也不再被动地接受知识，而是积极投入系统知识的阐释中。

语言习得属于认知心理学的范畴，人类语言中的创造性是生成语法的主要目标。乔姆斯基提出了两个概念的区分：语言内在能力以及语言实际应用能力。语言习得并非仅仅通过学习获得，而是经过个体自觉演绎而得到的语言能力。语言的深层语法结构在一定程度上决定了句子的意义，所以，人类可以依赖深层语法结构对无数新的句子进行创造。这种语言的创造性特点使得语言教师可以利用其优势，指导学生创造出与语法规则相符的句子，从而提高学生的语言能力。

3. 建构主义学习理论

建构主义认为，学习是一个建构性的过程，其中学生的主体地位在教学过程中至关重要。学习的决定性因素并非单一地来源于内部或外部，而是个体与环境之间的相互作用。因此，学生不应仅仅被视为外部刺激的被动接受者或知识的灌输对象，而应转变为学习过程中的主动参与者；教师则应由知识的传授者、学生的管理者变为学生发展的促进者和引导者。建构主义的核心观点在于以学生为中心，认为学生是学习过程中的主体，而教师则扮演着帮助学生主动建构知识意义的辅助者和推动者的角色。在这一理论框架下，学生应当在教师的引导和协助下，借助情境、协作、会话和意义构建等学习环境要素，积极主动地参与学习过程，充分发挥其积极性、主动性和创造性，最终实现对知识意义的自主建构。

建构主义的核心思想包括以下几个方面：①以学习者为主体；②注重情境的

意义；③注重师生协助交流与学习；④注重学生与学习环境的融合；⑤注重教师融合资源来辅助学习者；⑥教学的终点是帮助学习者完成意义的建构。

在建构主义核心思想的指导下，基于建构主义的学习可以包括以下原则。首先，学习者是学习的中心，他们通过同化和顺化的过程，主动建构自己的意义学习。这一过程不仅仅是信息的简单堆积，更是对信息的深度加工和重组。所以，学习不应该是被动的接受和机械的训练，而是需要学习者积极参与其中。其次，由于每个学习者的认知和经验都有所不同，他们会以各自独特的方式去对知识进行建构。在这种情况下，师生间的协作和交流显得十分重要。有效的沟通可以帮助学习者更全面地理解知识，弥补认知上的不足。最后，学习是一个求同存异的过程。每个学习者对问题的思考方式都可能有所不同，而这些不同的观点和思考方式正是宝贵的学习资源。通过交流和探讨，学习者可以实现知识的共享和互补，获得意义建构的能力，从而不断提高自己的认知水平和解决问题的能力。信息技术支持下的教学环境具有教学资源多样性、教学评价即时性和教学系统交互性等特点，它与建构主义理论的结合为高校英语教学效率的提升提供了条件。

（三）信息技术与课程整合的特征

1. 教学内容的丰富性

信息技术与课程的整合孕育了一种新颖的教学模式，其在教学内容上的丰富性特征尤为显著。这一模式通过引入丰富的教学课件内容，打破了传统教材的限制。学生不仅能够利用课本进行学习，还能借助网络链接轻松浏览、下载丰富的教学课件、练习试题以及各类课外资料，从而极大地拓宽了学习视野和资源渠道。

2. 表现形式的多样性

信息技术与课程整合的新型教学模式在教学内容的表现形式上具有多样性。多媒体技术的应用巧妙地融合了文本、声音和图像等多种媒体形式，为教学内容提供了丰富多样的表现形式，显著增强了信息的传达效果。这些多媒体元素协同作用，通过声画结合的形式向学生传达教学内容，刺激他们的感官，激发他们的学习兴趣。在这样的环境下，学生能够通过认知、联想、思考和反馈等一系列活动，深入学习知识，活跃思维，逐步构建起自己的知识体系，进而对其学习能力进行优化。

3. 教学资源的共享性

信息技术与课程整合的新型教学模式下，教学资源的使用具有共享性。教师可以利用互联网便捷地下载相关教学资料，进而精心制作教学课件。学生则可以通过网络平台轻松观看或下载教师分享的丰富教学资源。值得一提的是，这些教学资源并非仅限于教师和学生使用，任何互联网用户都有可能观看、保存和分享这些宝贵的知识财富。

4. 教学信息的综合性

信息技术能够整合各种超文本和超媒体技术，有多种类型的表现形式，且在展现和传递信息的时候不会受到时间和空间的限制。随着社会经济的发展，教学的需求也在不断增多。根据教学的需要以及学生的需求，教学内容可以以更加生动的形式展现在学生面前，这能够促使学生自主调动各种感官来进行配合以及更深刻地理解教学知识。同时，网络信息教学以其多元化的符号运用，为学生提供了广阔的学习空间。其信息容量庞大、内容全面，能够让学生在学习中轻松吸收知识。此外，网络信息教学的灵活性也方便学生在课后复制所需的知识，进行回顾和巩固，从而有效提升学习的效果和效率。

5. 教学过程的交互性

信息技术具有一定的远程功能，能够促使学生获得更多的图文教育信息。同时，教学过程具有互动性，能够促使学生对学习的知识产生兴趣，从而进行主动的学习。在学习的过程中，实现教学过程的交互性也可以让学生及时地看到自己学习上的弱点，从而不断调整自己的学习状态，提高学习的效率和质量。同时，远程技术也能够为广大师生提供超越时空限制的开放的教学环境以及提供更多交流的可能性。在这种比较宽松的环境之下，学生不用受到教材、教师教学进度以及知识的制约，而可以根据自己的需求来制订学习计划，在学习的内容、地点以及时间等方面掌握主动权。总的来说，信息技术与课程整合教学的发展促进了师生教学过程中的双向互动，有利于学生实现更好的自我发展。

（四）信息技术与课程整合的内容

信息技术与课程整合的内容应包括以下四个方面。

一是课程的研制者，主要包括有关的行政决策者、课程专家、教育技术专家、学校校长与教师。在这个方面，有效的整合就意味着要提高这些人的信息化课程素养。目前，切实可行的方法主要是各种培训和研究。

二是课程学习者，也就是学生。信息技术与课程整合对他们而言意味着那种"书本—老师—课堂—作业—考试"的学习模式将不再是学习的唯一模式。学习者自身将被赋予前所未有的新角色。考虑到目前计算机和网络的普及，在纯技术层面，他们的信息素养可能比某些课程的研制者还要高。他们缺乏的主要是有关课程整合意识和新课程理念方面的指导。所以，这里所要考虑的是如何培养他们参与课程整合的行为习惯和能力，组织他们参与信息技术与课程整合的设计、实施和评价的全过程，使他们在整合实践中开展学习活动。

三是课程内容。信息技术与课程整合背景下的课程内容包括传统课程内容和活动课程内容。传统课程内容指的是以"课堂—书本"模式为主的教学内容，也就是课堂教学，这部分的整合主要是工具性整合与资源性整合，操作性也比较强。活动课程内容则需要平台性整合，活动课程中信息技术不仅发挥其工具意义和资源意义，更具有全新的平台意义。学习者在活动课程中的轨迹和成果，都可以借助信息技术记录下来，并作为反思、教师监控、形成性评价等的材料。

四是评价方式。评价方式可从两个方面来进行整合，并且涵盖了工具、资源和平台三类整合。一方面是评价软件的应用，如用电子表格软件来便捷地计算标准分以达到公正、合理地评价平行班的目的。另一方面是活动课程的成果被记录、被反思、被评论，这些反思和评论不仅可以作为进一步的学习资源，还可以作为历史记录，给教师和学生提供一个全新的评价平台。

二、信息技术与课程整合的原则和方法

（一）信息技术与课程整合的原则

1. 主导式自主学习原则

随着教育理念的更新和技术的发展，教学模式逐渐由传统转向新型。在这种新型教学模式下，学生成为学习的主体，而教师则扮演主导的角色。这种教学模式不仅传授一般的知识与技能，还特别强调培养学生的应用能力和自主学习能力。该模式以计算机和网络技术为基础，融合了声音、图像、文字和动画等多种元素。通过各种媒体和网络传播手段，它实现了开放式、个性化和自主性的教学。在这种模式下，教学信息得以高效储存、加工和传播，从而实现了信息技术与课程教学的有机结合。这种教学模式将课堂教学与网络学习紧密相连，真正将学生置于教学的中心地位。它崇尚教师主导下的自主学习，强调学生在知识、技能和能力方面的协调发展。通过这种方式，学生不仅能够获得扎实的基础知识，还能在实际应用中不断提升自己的能力。

2. 多元互动教学原则

教学是一个主体间进行思想、感情、信息交流的过程，其中教学效果并非单

独取决于教师的教或学生的学，而是取决于教与学主体之间互动的结果。这种互动关系强调了双方的积极参与和相互影响，共同塑造了教学的质量和效果。多元互动教学是指信息技术环境下高校教学中的师生、生生和人机之间的相互作用和相互影响。它是一种以推动学习主体认知重组为核心目标，涵盖多个层面和维度的双边交流机制，其中教师和学生互为对话的伙伴，共同参与意义的建构。通过这种机制，大学课堂中的教师、学生、教材和媒体等关键教学要素构建了一个立体的信息交流和传递网络。在这个网络中，学生置身于真实或模拟的学习环境中，利用所学知识和技巧，通过观察、模仿以及参与一系列的英语实践活动，不断地尝试、探索、操作和反思。通过这种持续的过程，他们逐渐能够对知识和技能加以掌握。从这个角度看，互动在教学活动中成了学习英语和应用英语不可或缺的途径。

信息技术与课程教学的有机整合引发了原有教学要素的重新优化配置，由此生成了一个具有网络化和虚拟社会化的教学环境，为多元互动教学开拓了更加广阔的空间。互动性是学生认知图式不断更新、扩展和升级的基本特征，它将学习活动、愿望、兴趣和需求融为一体，是培养兴趣、发展个性、认识世界、整合知识、提高意义建构效率的有效手段和前提基础。在互联网环境下，多元互动有助于激发学生学习的兴趣和潜能，增强学生的自信心和成就感，强化学生主动参与和自我发展的意识。

3. 多元评价原则

评价教学时，必须全面考虑多种影响因素，包括社会对各项能力的需求、教学条件、师资水平、教学目标、教学手段，以及学生的智力和非智力因素等。唯有如此，教学评价才能充分发挥其诊断、导向、激励、反思、改进、鉴定和咨询决策的功能，进而产生积极的反拨作用。随着现代信息技术在教学中的广泛应用，新的教学现象、特点、环境和模式不断涌现，这势必要求对教学评价体系进行内部调整和优化组合。例如，需要更新评价方式、调整评价标准和完善评价程序等，以确保这些新变化能够适应新的教学模式，并在新的环境下稳步提升教学的实效性，有效推进教学改革。

多元评价是一种全面而综合的教学评价方式，它体现了评价主体的多元性、评价手段的多样性以及评价标准的多维性。这种评价方式涵盖了教学管理者、教师和学生等多方参与者的视角，结合了形成性评价与终结性评价、传统测评与网络测评、互动式测评与常规测评等多种手段。通过教师评、学生自评和同学互评等多种方式，评价者收集并利用丰富的信息，对教学、学习、课程等多个方面进行全面而深入的评价。多元评价不仅关注教学成果和学生成绩这一最终结果，还重视课堂教学环节和过程，以及学生的自我反思和自我教育。在互联网背景下，多元教学评价体系展现出灵活开放、多维立体交叉、多项组合的特点。它包括了课堂教学评价、学习档案、学习日志、问卷调查、师生座谈会和访谈、督导检查等多种评价方式，形成了一个立体而全面的评价体系。在这个评价体系中，教师和学生共同参与评价过程，学生既是教学评价的主要对象，也是评价的主体之一。评价者与被评价者之间处于平等地位，这种平等的地位使得评价过程更加公正、客观，同时也激发了学生参与评价的积极性和主动性。

在现代信息技术的广泛影响下，主导式自主学习、多元互动教学和多元评价三原则在教学中有机融合、相互参照、共同存在。其目标是使学生"善学"的能力成为教学质量的主要参考，而非单纯依赖教师"善教"的能力。终极教学目的不再是教师完成教学目标，而是学生完成意义建构。主导式自主学习与多元互动教学这两个概念不仅是学习的展现方式，也是教学的展现方式，它们在教学过程中占据重要地位，形成对应关系。多元评价则是这两种学习行为的交汇点，它维系着两者之间的有效关联，并推动它们的可持续发展。这一评价体系是在主导式自主学习与多元互动教学所构建的教学体系中展开的。它以主动认知和互动体验为核心价值，全程监督、实时检测、及时反馈和正确导向。所以，它必须反映教与学的外在表现形式，同时也必须和教与学的内在本质需求相符。

（二）信息技术与课程整合的方法

就高等教育而言，我国教育信息化的硬件设施有了很大的发展，高校的校园网络建设基本上已经在全国范围内普及，但是目前部分设施却未能充分发挥作用，造成了资源的浪费。真正能在高校学科教学中通过开展信息技术与课程的有效整合实现教育深化改革的高校为数并不多。如何运用信息技术环境尤其是网络环境，来促进教育深化改革，改变传统的"以教师为中心"的教学模式，形成以学生为主体、教师为主导的新型教学模式（以下简称"双主"教学模式），是提升高校学科教学质量与效率的关键问题，也是中国教育信息化、科学化的关键问题。

1. 以先进的教育理念为指导

信息技术与课程整合离不开相关教育理论和建构主义学习环境下的教学设计方法的支持，离开了理论的支持，整合就是一副空架子，没有灵魂。建构主义学习理论、认知同化理论、"双主"教学模式理论以及多元智能理论，这些均为信息技术与课程整合提供了坚实的理论基础,是开展实践研究不可或缺的重要基石。

为了实现信息技术与课程的有效整合,必须以先进的教育理论为指导,尤其是建构主义学习理论。这一整合过程不仅涉及现代信息技术的应用,还是教育深化改革的重要环节。缺乏理论指导的实践是盲目的,改革也将失去正确的方向。此外,建构主义学习理论以及在该理论指导下的教学设计方法为信息技术环境下的教学提供了坚实的理论支撑,从而推动了信息技术与各学科课程的深度融合。

2. 以建立新型的教学模式为中心

传统的课堂教学是以教师为中心的教学,学生处于被动接受的地位,又被称为"填鸭式"和"灌输式"教学模式。课程整合就是要改良这种"填鸭式"的教学模式,开设一种以教师为主导、学生为主体的新型教学模式,教师不再是课堂的主宰,而是设计者、提供者、帮助者和引导者,注重学生在学习活动中的主体地位,鼓励学生通过自己积极主动的知识建构来学习和内化知识。

3. 坚持"学教并重"的教学设计理论

信息技术教学工具在为教师提供支持与帮助的同时,也成为引导学生主动建构的认知工具与协作交流工具。在信息技术飞速发展的今天,信息技术走进课堂已经成为普遍的事实,但是如何合理充分地利用信息技术,成为摆在教师面前的新挑战:用多了,课堂华丽而迷乱;用少了,又无法将整合体现出来。"学教并重"的教学设计理论可以恰当地处理教师与学生之间的关系,使两者和谐共处。这一理论以学生自主学习策略和学习环境为核心,在为学生营造良好的学习环境的前提下,借助多种学习策略来引导学生主动学习,从内部因素到外部因素全方位地进行整合。

4. 重视教学资源的建设

没有充分优质的教学资源为引导,课程整合就无从谈起,因此,高产量、高质量的教学资源是进行课程整合的首要前提。教师可以引导学生利用这些教学资源进行自主学习,从而实现创新型人才的培养。此外,有能力的教师可以自行研制和开发适合自己使用的工具和方法。

高质量且丰富的教学资源是课程整合得以顺利进行的基石,也是促进学生自主学习、自主发现和自主探索的关键因素。这些资源不仅满足了学生个性化学习的需求,还推动了教育模式的转变,有助于打破传统的以教师为中心的教学模式,实现学生从被动接受知识到主动探索学习的转变。缺少了这个条件,新型教学模式的创建无从说起,创新人才的培养也无法实现。教学资源的建设要求广大教师努力搜集、整理和充分利用互联网上的已有资源（如免费教学软件等）。在确实找不到理想的与学习主题相关的资源的情况下，教师有必要自己去进行开发。

第二节　信息技术与高校公共英语课程整合的意义

一、开阔学生的视野

当学生掌握了课本中的基础知识后，教师可以利用英语网站播放与课文内容紧密相关的短片，以此来开阔学生的视野。这种方式不仅能让学生更深入地理解课堂内容，还能促使他们将所学的英语知识应用到真实的英语语境中，从而提升他们的语言应用能力和跨文化交际能力。

计算机多媒体教学通过丰富的图像、文字和声音，为学生营造了一个生动且引人入胜的学习环境，有效地将单词与句子、语法与口语融合在一起，极大地提升了学生的学习兴趣，并有效培养了他们的英语能力，从而显著提高了英语教学质量。这种教学方法值得英语教师在未来的教学实践中深入探索和应用，以适应信息时代的发展需求。利用计算机网络，高校公共英语的教学空间得到了极大的拓展，为学生创造了一个多元化、真实且地道的英语学习环境。

例如，教师和学生可以通过网络轻松收集和整理与课题相关的资料，将其作为补充学习资源；校园网站主页上可以设立网络学习链接，方便学生进行自主学习；教师可以为学生提供经过精心筛选的相关网址，引导学生进行自主学习；教师还可以指导学生正确使用英语网站获取信息，从而丰富和拓展课文内容。这些方式不仅极大地丰富了教学信息，也使课堂结构更加开放，进一步开阔了学生的视野。

二、提高学生的学习效率

信息技术的巧妙应用为高校公共英语学习营造了浓厚的氛围。在多媒体教室内，教师借助各种现代化的教学手段，为学生营造了一个理想的英语学习环境和氛围。在高校公共英语教学中，听和说作为五项语言技能中的基础与核心，直接反映了英语素质教育的精髓。因此，教师要结合教材的内容和要求，精心策划每一节课，确保学生能够听到配套的原文对话音频。这些对话为学生提供了准确无误的语音和语调示范，能够帮助他们建立坚实的语音基础。同时，教师要通过投影仪等设备展示课堂上的重点、难点内容，以及图表、图形和测验题目，进一步辅助学生学习。多媒体技术的综合应用为高校公共英语教学打造了一个沉浸式的学习环境，使学生能够在这种环境中自然而然地融入英语学习的状态。多媒体的展示让学生能够接触到地道的英语表达。这不仅激发了他们的学习兴趣，还促使他们更加积极主动地参与到学习中来，进一步提升了学习效果。

在英语课件中融入影视内容，能够有效激发学生的浓厚学习兴趣，进而提升他们的学习效率。在高校公共英语教学中，与课程内容相匹配的教学影片以及英文原版的影视资料众多。这些影视资料中的语言素材源于生活、贴近实际，真实反映了日常会话场景。教师将这类影视资料融入课件中，能够使学生更加直观地了解英语在日常交流中的应用，从而使他们更加深入地理解和记忆所学知识。在高校公共英语教学中，直观教学多优于一般性的讲解。例如，在教授职业单词的时候，由于条件的限制教师不能一一作出相应的解释，但可以从网络上找到相关动画展示给学生，使学生在短时间内掌握新课的内容。这样做不仅能收到很好的教学效果，还能提高学生的学习效果。

三、提升教师的素质

教师的主导作用更多地反映在教学设计中、多媒体课件的研制中、组织教学的过程中，以及教学的反馈过程中，而这些都需要教师具有良好的素质。

高校公共英语教师要具有现代教育理念。在网络环境下，高校公共英语教师必须摒弃陈旧的教育观念，紧跟教育发展的内在规律与时代步伐，树立与时俱进的教育观和人才观，以适应教育技术现代化的迫切需求。此外，教师还需具备终身学习的意识。在当今信息爆炸的时代，知识的更新日新月异，若教师不持续学习，很容易与时代脱节。同时，创新精神对于高校公共英语教师而言同样不可或缺。教育的目标之一是培养和发展学生的创新能力，而教师在课堂上的创新设计、创新思维和创新意识都会对学生产生深远影响，因此教师本身也需要具备创新精神。

现代信息技术环境下的教育技术现代化对高校公共英语教师提出了更高的要求。在现代教育实践中，高校公共英语教师需要不断探索并应用新的教学方法。教育技术越来越现代化，教师的教学方法也必须随之革新，变得更加灵活多样。高校公共英语教师的基本功和技能技巧必须在现代信息技术的推动下实现现代化，以符合不断变化的教学需求。教师队伍的现代化是教育技术现代化的关键所在，高校公共英语教师这个角色的职能愈发多元化。除原有的基本功外，他们还需要掌握电教基本功，以更好地利用现代教育技术进行教学。随着现代化教育技术的不断发展，高校公共英语教师还需具备持续发展的基本功，以不断提升自身的专业素养和综合素质。

第三节　信息技术与高校公共英语课程整合的重点

信息技术与高校公共英语课程的整合是目前高校公共外语教育教学改革的制高点、突破口。

一、信息技术与高校公共英语课程整合的目标

信息技术与高校公共英语课程的整合并非仅将技术作为教学的辅助工具，而是致力于构建一种全新的教学环境。这一环境需满足情境创设、思维启发、信息获取、资源共享、多元交互、自主探究与协作学习等多重教学和学习需求。

人才的核心素质是创新精神与合作精神。信息技术与高校公共英语课程的深度融合是孕育创新型人才的核心路径，甚至是不可或缺的基础。整合信息技术与课程的根本目的在于塑造具备创新思维和创新能力的人才。这不仅是我国素质教育所追求的核心目标，也是全球范围内新一轮教育改革所共同追求的目标。

二、信息技术与高校公共英语课程整合的前提

在整合的过程中，教师要按照高校公共英语的特点和学生生理、心理特点剪裁和组合信息技术，安排课堂内容结构，实施教学策略和设计活动等。

一方面，高校公共英语课程的学习是一个综合性的过程，旨在通过系统的学习和实践活动，使学生逐步掌握公共英语的知识和技能，提升他们在真实环境中的语言应用能力。在这个过程中，听、说、读、写、译是紧密相连、互为支撑的有机整体。为了更有效地培养学生的英语能力，教师要在课堂上转变传统的教学方式，减少过分强调语法和词汇知识的倾向，要采取任务驱动的方法。这意味着将听、说、读、写、译等各种技能融合在一起，并将它们嵌入具体的问题和任务中。通过这种方式，学生可以在实际操作中学习和应用英语，从而实现真正的学以致用。

另一方面，为了优化高校公共英语教学，教师应深入分析学生的认知过程，并据此设计教学的各环节、步骤和活动。信息技术在此过程中扮演关键角色，它能有效激发学生的兴趣，使教学更具吸引力。通过布置具体任务，教师可以激发

学生的探究热情，培养他们的自主学习能力。个性化学习鼓励学生独立思考，发掘个人潜能。协作学习则为学生提供了交流、运用和建构知识的平台。考虑学生喜欢互动、善于模仿、记忆力强、竞争意识强烈以及喜欢展示自己，教师应设计多样化的课堂交际活动。这些活动不仅让学生有机会边学边练，实现学用结合，还能使他们在实践中巩固所学语言材料。

三、信息技术与高校公共英语课程整合的优势

（一）有利于提供大量的学习资源

以网络为代表的现代信息技术的快速发展可以给学生提供大量的学习资源，并且这些资源因更新速度快而具有时效性，其实用价值也相对较高。高校公共英语教学十分注重学生所学语言的地道性、真实性、实用性，而与传统教学相比，网络教学在这些方面就具有非常显著的优势。另外，高校公共英语教学非常注重培养学生的语言技能与积累相关的文化知识。由于内容受版面的限制，传统教科书的文化知识常常很难满足学生对文化知识积累的需求，而更新快速、涉及范围广泛的网络可以不断地为学生提供全方面的文化知识，从而有效地提高学生自身的文化素养。例如，学生在学习语言学时，可以借助网络来扩充与语言学相关的理论知识；学生在学习英美文学时，可以借助网络来了解文学作品的相关背景；等等。

（二）有利于培养学生的听、说能力

信息技术的开放性和灵活性赋予学习全新的维度。学生不需要过多的英语学习材料，仅凭一台计算机，便能随时随地通过网络访问丰富的教学资源，进行个性化学习。相较于传统教学中仅由文本和图片构成的静态学习材料，网络教学资源集合了文本、图片、音频、视频等多种媒体形式，为学生提供了精彩纷呈的视听盛宴。这些丰富多样的语言学习材料和生动有趣的动态信息极大地增强了学习的趣味性，使英语学习变得更加引人入胜。

高校公共英语教育的核心在于培养学生的听、说、读、写、译能力，而网络教学提供的正是视听结合的教学资源，这使学生能够更直观地感受和学习英语。所以，相较于其他学科，英语学科在网络教学环境下更能展现出其独特的优越性，为学生个性化发展提供了更广阔的空间。在互联网的背景下，高校公共英语教学为学生营造了一个真实的英语交际环境，学生可以通过人机交流不断锻炼自身的英语交际能力，从而提升实际应用英语的能力。综上所述，互联网背景下高

校公共英语教学所提供的视听资源以及网络线上交流平台提供的真实的英语交际环境，有利于培养和提高学生的听、说能力。

（三）有利于提供新的师生交流平台

现代信息技术能够扩宽师生的课下交流平台。学生可以利用网络论坛轻松地给教师或同学留言，亦可通过发帖等方式提出问题或解答他人的疑惑；教师则能通过平台的通知板块为学生提供个性化的学习建议，让学生明确学习目标，甚至发布最新的作业要求。在高校公共英语的教学中，电子邮件作为一种网络教学手段，进一步加强了师生课后的互动与沟通。由此可见，网络不仅大幅提升了师生间的沟通效率，还为促进师生间的深入交流提供了有力支持。

（四）有利于培养学生的自主学习能力

传统的英语教学主要以教师为中心，采用的是灌输式的教学模式，以教师的讲解为主，学生只是被动地接受教师所传授的知识，学生的参与度很低。长此以往，教师的语言表达技能得到了充分的锻炼，却逐渐削减了学生的自主性以及积极性。在信息技术与高校公共英语课程整合教学中，网络平台的使用合理地解决了这一问题。在网络教学中，学生可以在网络学习平台上不受时间和空间的限制进行自主式的学习——自主选择课程，自主安排学习进度，并通过人机交流的方式进行语言练习，从而实现真正意义上的个性化学习。学生学习语言知识不再仅仅依靠教材和教师，还可以通过网络自主学习，在构建知识体系的过程中逐步地提高自身的语言综合应用水平。

四、信息技术与高校公共英语课程整合的关键

信息技术与高校公共英语课程整合就是要建立一种新型的教学结构。这种整合不是仅仅把信息技术作为辅助教或辅助学的工具，而是强调利用信息技术营造一种理想的教学环境，通过教师—学生—信息技术—教学资源有机融合和持续互动，建立起以教师为主导、以学生为主体的新型教学结构，以实现一种能充分体现学生主体地位的以"自主、探究、合作"为特征的新型学习方式，切实促进高校公共英语教学的改革。[①] 这是整合的关键。整合可以构建新型的师生关系、生生关系，并引入创新的学习工具，为学生创造丰富多样的学习、实践和思考的机会。这些机会应鼓励学生主动发掘和利用当下的信息与资源，使他们能够运用所学的知识和技能来应对复杂且真实的交流场景。整合的目标是让学生实质性地参

---

① 华璐. 利用信息技术创新高校外语教学模式［J］. 读与写（教育教学刊），2019（11）：7.

与教学过程，实现"为用而学，在用中学，学了就用"的理想状态。这样，学生不仅能学到知识，还能将所学知识应用于实际，提升他们的语言应用能力和问题解决能力。

第四节　信息技术与高校公共英语课程的课内整合

为了实践信息技术与高校公共英语课程的整合，必须变革传统的以教师为中心的教学模式。课内整合教学模式的分类比较复杂。根据选用教学策略的不同，课内整合教学模式原则上可以分为自主探究、协作学习、演示、讲授、讨论、辩论、角色扮演等多种类型。其中，探究式教学模式是一种以学生为中心，注重自主学习和深入探究的教学模式。在这种模式下，学生在教师的引导下，通过"自主、探究、合作"的学习方式，主动探索教学内容中的关键知识点，充分体现了"教师主导，学生主体"的教学理念。

下面对目前影响较大的信息技术的课内整合教学模式——探究式教学模式进行介绍和分析，讲述它产生的背景、特征及实施步骤。

一、探究式教学模式产生的背景

基于建构主义学习理论的探究式教学过程以学生为主体、以学生发展为本、以教师为主导，无论对教师，还是对学生，都提出了更高的要求。这就要求学生必须保证课后的时间及精力投入。建构主义学习理论强调情境学习，其目的之一就是让学生融入学习的情境中，主动观察、模仿情境中所隐含的知识与技能，进而培养独立思考的能力，以解决实际面临的各种问题。在建构主义学习理念下，作为探究问题的学习者，学生需经历一个从"边缘"逐渐走向"核心"的转变过程。这一过程实质上就是逐步增强学生自主学习能力的过程，它与情境学习理论所倡导的"边缘性参与"规则不谋而合。探究式教学模式特别强调学生的勤于思考、发表独到见解以及具备创新精神，而这些都依赖于学生在课后的自我反思。这种反思能力不仅促使学生形成科学的学习方法，还对他们的个人成长和学术发展具有深远的影响。

探究式教学模式挑战了传统的以教师为中心、单纯讲授的教学模式，这不仅意味着教学方法和手段的更新，更是教学理念的深刻转变。这种转变摒弃了以教师为中心、单纯传授语言知识和技能的教学模式，转向以学生为中心、注重培养语言实际应用能力和自主学习能力的教学思想和实践，更进一步，它致力于实现以培养学生终身学习能力为导向的终身教育。在探究式教学模式中，学习对象通常是课文中的某个或某些知识点，这与课外整合模式中的研究式学习模式存在本质区别。研究式学习模式的学习主题始终围绕自然界或社会生活中的真实问题展开，强调问题导向和跨学科整合，而探究式教学模式则更注重在特定知识点上的深入探究和学习者的主动性、探究性与合作性。

二、探究式教学模式的特征

探究式教学模式是一种以学生为中心，强调"自主、探究、合作"的学习模式。在这种模式下，学生在教师的指导下，自主学习并深入探究当前教学内容中的主要知识点，并通过小组合作交流来加深理解。这一教学模式的特征表现在以下两个方面。

（一）教师的主导作用

探究式教学模式注重教师在整个教学过程中的引导和主导作用。教师作为知识的引领者和学习的指导者，在探究式教学中扮演着至关重要的角色。教师在探究式教学活动中的主导作用体现在以下几个角色上。①学习动机的激发者。探究式学习的对象要由教师确定。探究式教学是围绕高校公共英语课程中的某个知识点（即探究式学习的对象）而展开的，这个知识点不是随意确定的，更不能由学生自由选择，而是要由教师根据教学目标和教学进度来确定。②学生自主学习和协作学习的组织者。教师给学生提出若干富有启发性、能引发学生深入思考并与当前学习对象密切相关的问题，同时设计多种交互形式，如辩论、伙伴合作、问题解决、角色扮演等方式，组织学生开展协作学习。③学习环境和资源的设计者。探究过程中，教师要为学生提供多方面的帮助与指导，以便学生带着问题进行探究。④探究过程的评价者。探究完成后，教师要对学生的探究过程进行评价和反馈，帮助学生进一步总结与提高。

（二）学生的主体地位

根据建构主义学习理论，探究式教学活动必须确保学生的主体地位。换言之，学习是否有成效取决于学生在学习过程中的主体地位是否获得了保障。探究式教学模式以"自主、探究、合作"为核心，着重强调学生的自主学习和自主探究能力。在教学过程中，学生主要通过个人的自主探究以及小组合作学习活动来完成教学目标。这种模式充分激发了学生的主动性、积极性和创造性，使得知识技能的理解与掌握更为深入，更重要的是，这种教学模式对于创新思维和创新能力的培养具有显著效果，有利于培养出具有创新精神的人才。

一般来说，学生的主体地位是通过以下这些角色得到体现的：自主学习者、探究发现者、团体合作者、积极参与者、自我评价者、观点分享者、知识生产者和思想贡献者。以教师为主导、学生为主体的课堂是能够焕发生命活力的课堂，学生在这样的课堂中积极参与，表现主动、专注，学习的目标性也更强。

三、探究式教学模式的实施步骤

（一）创设情境

创设情境不仅是教师引入高校公共英语教学的有效手段，还是激发学生学习动机和自主探究欲望的关键环节。为了达到这一目的，教师可以采用多种方法创设情境。例如，可以设置一个与当前知识紧密相关的待探究问题，或者播放一段与学习主题紧密相关的视频录像。此外，精心策划的典型案例、专门制作的课件，以及生动有趣的角色扮演活动，都是极为有效的情境创设方法。这些活动设计的关键在于它们必须紧密围绕当前的学习主题，以确保其相关性和实效性。当教师巧妙地将这些情境创设融入教学过程时，学生往往能够深受感染，从而在心理上形成积极的学习准备，并进一步激发出浓厚的探究兴趣和求知欲望。

（二）启发思考

一旦学生被精心创设的情境所激发，对学习内容产生了浓厚的兴趣并做好充分的学习准备，教师便应适时地提出一系列富有启发性和深度的问题。这些问题应紧密围绕当前教学的核心知识点，同时避免过于直接或显而易见的答案，以激发学生的思考和探索欲望。面对这些问题，学生应积极主动地投入学习和技能的掌握过程中，以高度的责任感和自主性去完成学习任务。在这一阶段，教师应扮演好指导者的角色，为学生提供关于如何解决问题、运用哪些认知工具或资源，以及如何应对探究过程中新问题的具体建议和指导。学生需要认真对待这些问题，明确自己的学习目标和任务，通过深思熟虑形成初步的探究策略。

（三）自主学习与自主探究

在探究式教学的关键环节，学生应积极利用教师提供的认知工具和学习资源，或在教师的引导下通过网络及其他渠道获取相关工具和资源，围绕教师针对特定知识点提出的问题进行自主探究。这些自主学习和探究的活动涵盖了广泛的内容：学生借助工具搜集与当前知识点紧密相关的信息；对搜集到的信息进行主动的分析、处理和评价。基于这些活动，学生不仅能够深化对先前知识的理解和认识，还能自主地构建对当前知识意义的把握。在整个过程中，教师应时刻保持对学生学习和探究进度的关注，并在必要时为学生提供关于如何更高效地获取和利用认知工具、学习资源以及学习策略的专业指导。

（四）协作交流

为了加深学生对当前所学知识的理解和掌握，教师应当在自主探究的基础上，积极策划和组织小组或班级内的协作与交流活动。教师通过共享学习资源和学习成果，鼓励学生在互动讨论中深入探索，从而深化对知识的认识与理解。在此过程中，教师应提供必要的协作、交流工具，并适时引导学生高效地进行集体讨论，以及处理小组成员间的不同意见和分歧。在协作交流的过程中，教师应积极参与学生的讨论，既做场外指导者，又做讨论的参与者。这样，教师不仅可以提供必要的支持和建议，还能在互动中激发学生的学习兴趣，促进他们知识与情感的内化。同时，这样的协作交流过程也是学生学习多种学习方法、培养团队协作和沟通能力的重要途径。

（五）总结提升

在探究式教学模式中，总结提升环节扮演着至关重要的角色，它标志着整个教学过程的圆满结束。这一环节的主要目的是通过师生之间的共同回顾与反思，帮助学生弥补在自主探究和协作交流阶段可能存在的对当前知识点理解的不足，进而更全面、更深刻地实现教学目标。在这一过程中，学生不是被动的接受者，而是积极的参与者。他们通过参与讨论、自我反思、自我评价以及同伴评价，不断审视自己的学习过程和成果，从而不断完善自身的认知结构。教师则负责点评学生的学习表现，提出与知识迁移和应用相关的问题，并设计相应情境。教师还应总结当前知识点与其他相关知识的联系，帮助学生构建完整的知识网络。

第五节　信息技术与高校公共英语课程的课外整合

学科教学过程涉及三个教学阶段：一是与课堂教学环节直接相关的"课内阶段"，另外两个是课堂教学环节之外的"课前阶段"和"课后阶段"。因此，信息技术与高校公共英语课程整合的教学模式可以概括为"课内整合模式"和"课外整合模式"两种。前文对信息技术与高校公共英语课程的课内整合教学模式——探究式教学模式进行了介绍和分析，下面对信息技术与高校公共英语课程的课外整合教学模式——研究式学习模式做重点介绍。

信息技术的迅猛发展，直接冲击着传统的高校公共英语教学模式，也直接影响着信息技术与高校公共英语课程的课外整合模式。因此，进一步探讨信息技术与高校公共英语课程的课外整合模式——研究式学习模式意义重大。

一、研究式学习模式的内涵与特征

（一）研究式学习模式的内涵

作为一种学习模式，研究式学习不同于接受式学习，它具有自主性、交互性、实践性、开放性等特征。设置研究式学习的目的在于改变学生以单纯地接受教师传授知识为主的学习方式，为学生构建开放的学习环境，提供更多获取知识的途径，鼓励学生将学到的知识进行整合、消化、吸收，最终应用于客观实践。在此过程中，教师还要注重培养学生的创新精神和实施能力。

（二）研究式学习模式的特征

研究式学习是 20 世纪 80 年代末国际教育界广泛推崇和实施的一种全新的学习策略和学习模式。研究式学习指的是在建构主义学习理论指导下进行的一种教学和学习，要求教师在教学过程中用科学的方法指导学生以研究的方式进行学习，并且学生在教师指导下充分发挥潜能去掌握知识，运用知识解决实际问题。同时，研究式学习模式要求教师具有创新思维和科学施教的本领，引导学生主动去发现问题、分析问题、解决问题，培养学生创造性学习的能力。目前，研究式学习以其实用性而广受关注；但是，研究式学习作为一种学习理念仍处于探索阶段，对其理论指导意义及实践性还有待做进一步的系统研究。归纳起来，研究式学习模式有以下特征。

1. 强调学习的交互性

研究式学习模式以其独特的互动性为特点，这种互动性源于研究课题与研究方式之间的动态交融。不同的课题和方式会孕育出多样化的研究内容，丰富学习体验。这种交互性显著地体现在师生之间以及生生之间的积极互动中，他们通过相互合作与交流，共同推进学习任务的完成，并构建出更为全面和深入的学习内容。

2. 强调学习的开放性

研究式学习模式为学生营造了一个充满活力、开放、多元的学习环境，摒弃了传统的封闭式教学模式。在这种学习模式下，学生被鼓励走出课堂，深入社会，亲身参与实践活动。研究式学习展现了其开放、多元和动态的特性，不仅活动过程和目标内容开放，问题解决和学习环境也呈现出多元化和动态化的特点。这种学习方式极大地丰富了学生获取知识的途径和渠道，促进了学生全面而深入的学习和发展。

3. 注重学习的实践性

研究式学习模式强调以学生的直接经验为核心，鼓励学生亲身参与实践活动，使学习与实践紧密融合。在学习的过程中，学生采用多样化的方法，如查阅文献、进行社会调查、亲手开展实验、进行走访交流和实地考察等，深入探索并获取宝贵的信息和直接经验。这种学习方式不仅让学生在实际操作中学习知识，还让学生通过亲身体验加深对知识的理解与应用，从而丰富和拓展他们的直接经验。

4. 注重过程及学生的体验

研究式学习模式聚焦于研究过程本身，而非单一追求研究的结果。它更加重视对学生意识、精神和创造性能力的培养，而非仅仅强调现成的结论。研究式学习视学生的活动过程为其个体存在与发展的核心途径，特别强调学习的活动性，即鼓励学生通过实际操作和体验来深化理解；强调过程的动态性，即学生在不断尝试、调整和完善中提升能力；强调体验的深刻性，即学生通过亲身实践获得的知识和感悟更为深刻和持久。在这种学习模式下，学生的发展不再是被动接受的过程，而是积极主动地探索、建构和创新的过程。

5. 强调师生间的平等

研究式学习模式要求教师为学生创设轻松、融洽和愉悦的学习环境，使学生在学习过程中获得一个发现世界、探索世界的宽松环境，让他们主动思考，勇于问，敢于想，善于做。师生关系平等有助于他们感悟彼此的思维方式及看待问题的角度，增进了解，互相促进，共同进步。

6. 培养学生的创造性

研究式学习模式与传统学习模式最大的区别就是其可以培养学生的创造性和创新意识。研究式学习是一个能动的创造性的学习活动，能够极大地激发教师和学生的创造热情，调动他们的积极性和主动性。教师注重的不再是知识的简单复制、粘贴以及对学生机械地灌输。学生不再满足于仅仅背诵教师传授的既定知识或书本上的标准答案，而是倾向于通过思考、探索和综合应用相关理论知识，实现理论知识与实践的完美结合。

二、研究式学习模式的实施步骤

学习并非单纯依赖教师的传授来获取知识，而是个体在社会文化背景下，通过特定的情境，借助他人的帮助，并利用必要的学习资料，进行主动的意义建构的过程。在这个过程中，学习者通过自我探索和互动学习，不断积累、理解和掌握知识。建构主义学习理念下的学习实质上是一个研究和再发现的过程，通过不断研究和再发现达到学习的目的。要达到学习的目的，就要有科学的学习方法。

建构主义学习理念下的研究式学习模式通常包含以下五个实施步骤。

（一）提出问题

在此环节中，教师通过创设问题情境激发学生学习与研究的兴趣，并由此引出当前研究式学习的主题——高校公共英语课程中的某个知识性内容。同时，教师应引导学生对研究学习的主题进行思考和讨论。

（二）分析问题

在这一阶段，教师的首要任务是引导学生掌握各种分析问题的方法。这些方法包括但不限于：由表及里地深入剖析、由浅入深地逐步理解、由近及远地拓宽视野、透过现象揭示本质、通过客观事例进行归纳、换位思考以理解不同观点，以及用全面的两点论而非片面的一点论来审视问题。随后，教师应根据学生研究的问题和需求，教授相应的研究方法，如问卷调查法、文献调研法和案例收集法等。同时，教师还应为研究式学习提供具体的策略建议和指导，确保学生能够在实践中有效地运用这些方法和策略。在学生同化与顺应的过程中，教师应随时给予学生引导和帮助。

（三）解决问题

这一步骤通常包括两个子环节：提出解决问题的初步方案和优化解决问题的方案。在这个步骤中，研究式学习的研究主体可以是学习者个人进行自由探索和自主学习，即"自我协商"，也可以是学习小组集体进行探索和研究，即"相互协商"。通常情况下，提出解决问题的初步方案这个子环节由学习者个人在深入分析问题的基础上自主完成；第二个子环节——优化解决问题的方案通常是学习小组成员会话与协作的成果。

（四）实施解决问题方案

为了节约学习成本，避免不必要的浪费，在实施解决问题方案的过程中，教师和学生注意做好形成性评价，及时收集反馈信息，经常进行反思。根据方案的实施情况，随时调整或修正解决问题的方案。

（五）总结提升

研究式学习的总结包括个人总结、小组总结和教师总结。小组总结应以个人总结为基础，教师总结应以个人和小组总结为基础。教师的总结需要帮助学习者把对客观事物的认识由感性上升到理性，丰富与完善他们对科学概念与原理的认识，培养学习者全面、系统、完整地认识和理解问题的能力，使每位学习者都能做到知其然，更知其所以然。

第五章　互联网背景下高校公共英语教学方法的改革

在互联网背景下，传统的教学方法已经无法适应当前时代的发展和社会的需求，因此必须助推当下高校公共英语教学方法的改革，并将创新的教学方法融入日常的课程中，这是当前许多高校需要面对和解决的重要一环，也是能否深入开展高校公共英语教学的重难点。基于互联网技术的发展，打破长期以来高校公共英语教育教学的瓶颈和桎梏，需要以一个全新、全面、辩证的视角去看待，从而促进高校以更加科学的态度创新高校公共英语教学方法，满足新时代高校公共英语课程教学的需要。本章围绕高校公共英语教学方法概述、高校公共英语教学的常用方法、基于互联网的高校公共英语教学方法改革的必要性和策略等内容展开研究。

第一节　高校公共英语教学方法概述

一、教学方法

（一）教学方法的概念

教学方法是教与学的过程中，教师和学生为实现特定教学目标和完成教学任务而采取的一系列行为方式的总和。它涵盖了教师的教学方法（教法）以及学生的学习方法（学法），两者相辅相成，共同构成完整的教学方法。教学方法的有效性直接依赖于学习方法的匹配，否则，若缺乏针对性和可操作性，将难以实现预期的教学目标。鉴于教师在教学中的主导地位，在教学方法与学习方法的互动中，教学方法往往会占据核心位置。

教学方法不仅充当着将预设教学目标转化为实际教学成果的桥梁，还直接关系到教学目标的实现效率和教学质量的提升。广大教师，尤其是新教师都应当学会正确选用教学方法，并且有目的、有意识地去选择教学方法，灵活地运用教学方法，使其更好地为自己的教学工作服务。

为了更好地理解教学方法，我们需要准确认识以下两个方面的内容。

一方面，教与学的方法相互联系和作用。在教学方法的实施过程中，教师的教法制约着学生的学法，学生的学法也影响着教师的教法；教师的教法通过学生的学法体现出来，学生的学法实际上是在教师的教法指导下进行的。

另一方面，教学方法的实质是一种运动着的具有某种规定性的活动模式。①教学方法与教学手段有着内在的联系，又有着必然的区别。教学方法离不开教学工具和手段，是对教学工具和手段的有效利用，不能把教学方法等同于教学手段。②教学方法是可变的系列活动，不能将其看成是固定的方式或动作。事实上，任何方法都是由一系列的活动构成的。现代常用的各种教学方法，实际上是教师和学生为了完成某种教学任务而特别组合在一起的成套化、系列化教学活动的总称。教学总要实现某种目的，总要通过若干教学活动来实现。

综上所述，教学方法是在教学过程中教师和学生为实现教学目的、完成教学任务而采取的一定的教学工具和手段、教与学相互作用的活动方式的总和，它具有多样性、综合性、发展性和可补偿性。

（二）教学方法的特征

通常而言，有效的教学方法应具备以下关键特征。

1. 以发展学生的智能为出发点

根据最新的课程标准，现代教学方法已超出了传统的教学要求，将重点更多地放在了学生智力潜能开发和综合能力培养上。特别是，它着重培养学生的创造性思维和批判性思维，以满足现代社会对多元能力的需求。学生不仅要掌握书本上的知识，还必须学习并发展一系列超越书本的技能和能力，这些技能和能力对于他们在现代社会中的成功至关重要。

2. 实现信息的多向传递

在教学方法的具体应用过程中，教师应当巧妙地结合教师的主导作用与学生的主体地位。这意味着，教师会在恰当的时机发挥引导作用，激发学生主动探索知识的热情，同时通过答疑和讨论环节，有效促进师生间及生生间的思想碰撞与交流，确保每一个学生都能深度参与并主导教学活动。此外，及时收集和分析学生的反馈信息至关重要，以确保教学效果达到最佳。

3. 加强对学生学习方法的研究

众多教学方法都是在针对学习方法进行深入研究的基础上得以创立的。在教学实践中，教学方法不仅对教师的教授有明确要求，对学生的学习也同样提出了要求，其中特别强调教授学生学习的方法，以培养其自主学习能力，让他们能够实现知识的独立获取。

为了切实提升教学方法的实践效果，必须加强对学生学习方法的研究，具体体现在以下三个方面：首先，在构建现代新教学法时，将探索学生科学的学习方法作为重要的先决条件；其次，在实际教学中，确保教法与学法紧密结合、相互促进；最后，评价教学方法时，以学生在学习中展现的思维程度、思维品质和水平等为基本标准，以确保教学方法能够有效促进学生发展。

4. 重视学生非智力因素的培养和调节

科学的教学方法不仅考虑学生对知识、技能的掌握，还涉及学生非智力因素的培养与调节。在课堂中，学生的活动除了认识活动，还有心理活动。教师应多关注学生的非智力因素，非智力因素包括学生的情感、意志、性格、兴趣等。积极的情感体验可以增强教学效果。锻炼学生的意志可以使学生在面对困难时不逃避，坚持完成一件事。教师应关注学生的不同性格，采取适合学生学习的方式进行教学。通常来讲，教学方法强调情感在教学活动中的作用，情感能够激发学生的兴趣，让学生产生学习动力，学得轻松愉快，从而使学生思维活跃、记忆牢固。

5. 注重对传统教学方法的适当保留和改造

传统教学方法虽受到批评，但不能完全被抛弃，而是要针对问题加以改进。例如，传统的讲授法现在仍不失为最经济有效的教学方法，同时可以通过改造使其成为积极、能动、有意义的教学方法；程序教学法只要克服机械呆板的缺点，增加人性化和趣味性的因素，也可以达到很好的教学效果。

由此可见，现代教学方法是在传统教学方法的基础上发展起来的。它更多地要求教学方法具有启发性，要求学生具有独立性，要求发展学生的各种能力。

二、高校公共英语教学方法

在《现代汉语词典》中，"方法"一词的含义是"关于解决思想、说话、行动等问题的门路、程序等"。从这一定义中可以看出，方法的意思可大可小。针对英语教学而言，方法大致可分为宏观层、中观层和微观层三个层面。宏观层是指英语教学中涉及的理论、观点、主张和操作程序等，它们之间是相互支持、相互配合的关系，这样看来，宏观层的英语教学既是一个相互合作的整体，又是一个相对独立、完整的思想体系。因此，宏观层的英语教学方法又叫英语教学流派，如语法翻译法、直接法、听说法、交际法、情境法等。中观层的英语教学法指的是英语教学中某些具有规律性的固定的"套路"，是一种较为复杂的可分为若干步骤的系统的技巧和做法。例如，3P 教学法是在 20 世纪 70 年代形成的交际语言教学模式下的产物，其把语言教学分为以下三个阶段：演示（presentation）、操练（practice）、成果（production）。微观层的英语教学法指的是具体的教学技能技巧。在这一层面上，"方法"一词不再是英语教学中的专用术语，而是日常用语，其含义是"解决某一具体问题的某一具体做法"，可称为"技能"或"技巧"，如词汇教学中的默写法、语法教学中的演绎法和归纳法等。

可以说，语言教学方法也就是教授语言的方法。高校公共英语教学方法是有关公共英语教与学的最佳方式，同时它以一定的原则和程序为基础。只有遵守这些基本的原则和程序，高校公共英语教学才能取得良好的效果。换句话说，高校公共英语教学方法是一种关于公共英语教学的思想体系，它包含着两方面的内容，即理论基础层面和实践操作层面。显而易见，理论基础层面涉及的是公共英语教学的基本理论和基本原则等方面的内容；而实践操作层面解决的是公共英语教学活动和实践中的问题。理论基础层面的公共英语教学方法是科学分析，而实践操作层面的公共英语教学方法是科学应用，两者结合在一起便是对公共英语教学方法最好的解释。

第二节　高校公共英语教学的常用方法

一、语法翻译法

语法翻译法的历史十分悠久，自中世纪开始便在欧洲兴起和发展，最初用来教授希腊语和拉丁语等古典语言。语法翻译法是用母语翻译、教授外语书面语的一种传统外语教学方法，即用"语法讲解＋翻译练习"的方式来教学外语的方法，又称传统法、古典法、旧式法等。

（一）语法翻译法的特征

高校公共英语教学应用的语法翻译法的主要特征：第一，教学时重视阅读和翻译能力的培养；第二，重视词汇、语法和语音的教授；第三，把母语作为教学手段，对教师的英语口语要求低；第四，教学过程和教学测试容易控制。

（二）语法翻译法的劣势

该教学方法的劣势十分明显：第一，忽视语言的交际功能，重视语法、词汇和翻译能力的培养，对公共英语基础知识的理解深刻，但不会用很多实践来检验所学知识的有效性；第二，翻译能力的培养根深蒂固，造成学习者英语思维的培养滞后，习惯用母语思维思考；第三，教学形式过于单一，强调死记硬背，使得学习者兴趣降低，并且强调通过书面题目进行测试，不具有灵活性，导致学习者所学的英语知识和真实语言环境脱节。

二、直接法

直接法是指用英语进行会话、交谈和阅读教学，没有学习者母语的参与，不使用翻译和形式语法，主要依据一语习得或者学习者学习母语的自然过程和规律，采用最直接的手段将其平移到英语的习得方面，从而达到提高学习者交际能力的目的。

（一）直接法的特征

高校公共英语教学应用的直接法的特征如下：第一，直接联系，使所学词汇与实物直接建立联系；第二，重视模仿，给学习者以大量的英语输入，使其置身于英语环境中，听原声，多背多模仿；第三，交际优先，将重点放在听、说能力的培养上，然后是读、写；第四，归纳为主，主要让学习者尽可能多地掌握语言材料，然后再让他们从感性材料积累中体会、归纳出语法规则，从而使其形成对英语的认识。

（二）直接法的劣势

该教学方法的缺点很明显，表现在：第一，忽视母语在英语学习中的积极作用，一味直接灌输英语，会扭曲学习者已经依靠母语形成的对世界的认识，不利于加深学习者对英语的理解，甚至会使学习者产生抵触心理；第二，重视口语交际，学习者可以交流，但语法功底薄弱、底蕴不深；第三，急功近利，容易造成学习者文学修养、语言形式、语言现象等基础薄弱；第四，学习者容易受自身认知能力的限制，对英语产生不完整甚至错误的认识。

（三）直接法的基本原则

1. 直接联系原则

在课堂上教授英语词汇时，教师应当确保每个词汇都与其所代表的事物或意义直接建立联系。这种联系应当避免把母语作为中介，以防止母语产生一定的干扰。此外，直接法教学强调不应把翻译作为教学手段，因为这样做可能会使学生养成依赖"心译"的习惯，从而对实际英语交际速度产生不利的影响。直接联系原则可以帮助学生排除母语的干扰，更好地掌握英语这门语言，并培养他们的英语思维能力。通过这种方法，学生能够在不受母语影响的情况下，更直接、更高效地学习英语。

2. 以模仿为主原则

幼儿在学习母语的过程中，主要是通过模仿周围人的语言来进行的，他们在不断的实践中慢慢掌握了母语的语法规则，这些规则并非通过教学直接传授，而是他们在交流过程中自行总结归纳得出的。这一原则同样可以应用于高校公共英语教学。高校公共英语教学应着重强调模仿和实践的重要性，鼓励学生通过大量的模仿和练习来提高英语水平，而将语言知识置于次要位置。

3. 以口语为基础原则

幼儿学语都是从学说话开始的，学习识字和书写则是进入学校以后的事情。由此可见，学习口语是学习书面语的基础。由此可得出结论：学习英语应从口语开始，而不是从书写和文法入手。这在高校公共英语教学中同样适用。支持直接法的学者一致认为，入门阶段的教学应以口语为主。

三、听说法

听说法是一种将听、说能力作为教学重点的方法，通过不断的强化训练和反复操练，学生能够针对所学语言进行自动化的应用。该教学方法的基本原则包括听说领先、模仿背诵等，并特别注重语音教学。听说法强调在听、说能力的基础上兼顾读、写技能的培养，着重提高学生的语言应用能力。

（一）听说法的特征

听说法把听、说能力的培养作为高校公共英语教学的主要目标，认为具备一定的听、说能力是进一步发展读、写能力的基础，主张严格地按照听、说、读、写的顺序组织教学。在语言学习的初级阶段，听说法对语言初学者养成良好的语言习惯、培养正确的语感会起到积极的作用，但是，听说法忽视了学习者阅读和写作能力的培养，导致学习者不能很快地、全面地掌握目的语的语法结构，不利于培养学习者在目的语社会文化情境中正确理解和合理应用目的语的能力，阻碍了学习者语言交际能力的进一步提高。

听说法要求学习者从一开始就尽可能准确地理解教学内容，尽可能准确地模仿典型范文和例句的表达方式，尽可能避免语言学习和应用上的错误，或者尽可能少犯错误，同时要求教师及时给予提醒和纠正，防止学习者因教学内容理解上的错误或者偏差而形成难以改变的学习习惯。另外，听说法还要求学习者按照教学内容要求进行反复操练，以达到自动化掌握语言材料的程度。

听说法认为句型是语言表达的基本单位，是语言教学的核心环节，也是学习者语言应用能力的集中体现，所以对句型的理解、分析和模仿应该给予高度重视。学习者应当熟练掌握目的语的常用和基本句型，注重句式、句法结构分析，做到举一反三、触类旁通，以培养学习者根据基本句型推演、分析新句子的能力。基于听说法的教学模式的核心就是句型的操练，一般按照机械性操练、背诵记忆、意义性操练、实践运用的顺序组织教学过程。其中，机械性操练是完成教学目标的前提和基础，需要学习者投入大量精力反复练习，熟练掌握，这对学习者掌握基本的语言表达方式、培养学习者语言基本功起到了关键性和基础性的作用。

以句型操练为主要特征的听说法既避免了语法翻译法中对语篇进行烦琐的语法分析、抽象的推理的过程，又不像直接教学法那样对教师的英语知识水平和教学组织能力有很高的要求，突出了教学重点，抓住了英语学习的关键环节，短期效果十分明显；但是，句型操练往往抛开了目的语的具体内容和社会语境，单独进行句型的机械操练，不利于发挥学习者在学习过程中的积极性和主动性，不利于学习者语言交际能力的培养。

（二）听说法的基本原则

美国结构主义语言学家从不同角度对听说法进行了总结，其基本原则可归纳为以下几点。

1. 听说训练优先

语言作为声音与文字的综合体，其中听说与声音紧密相连，而读写则与文字息息相关。口语较之文字先出现，具有原始性和基础性。因此，有效的听说训练将为读、写能力的培养奠定坚实基础。对于高校公共英语教学来说，应优先进行听说训练，确保大部分时间都用于听说练习，随后再进行读写教学。

2. 持续实践直至养成良好的语言习惯

语言的习得本质上是对行为的强化和习惯的养成。与学习母语相似，英语的学习也需要大量的模仿和实践，以形成新的语言习惯。这种习惯的形成需要反复的实践和不断的努力。

3. 以句型为核心

虽然语言的结构层次相当复杂，但在日常交流中所使用的语言仍是主要基于句型。因此，在高校公共英语教学中，无论是材料选择还是技能训练，都应紧密围绕句型进行，确保学生能够熟练掌握和应用目的语。

4.注重对现代教育技术手段的充分利用

高校英语教师应积极采用现代化技术手段，结合刺激－反应公式，构建一个完整且高效的电化教学体系。

四、认知法

认知法试图用符号学习理论来代替刺激－反应学习理论，借助认知心理学的成就，加强学习者的语言创造性和培养学习者语言抽象认知的能力。认知法强调人能够进行感知、记忆、分析、综合、判断、推理等一系列智能活动，强调语法理论知识的重要性，主张在教学中应该听、说、读、写齐头并进。教学内容上，认知法重视语言知识和语法规则，但反对死记硬背，主张在实践操练中学习。该教学方法首先强调认知、理解，经过操练，达到能用的目的。

（一）认知法的特征

认知法的特征主要包含以下几个方面。

第一，认知法认为，学生的认知水平是英语教学的起点，在教学中应将其作为重要依据，而不能让教师以教学经验或者主观臆断为依据来主导教学过程。认知法要求教师根据学生的认知特点和认知水平来进行教学设计，教学资料也应以学生的实际能力为出发点，即认知法是"以学生为中心"的教学方法。

第二，认知法注重培养学生的创造性思维，注意发展学生在学习和使用英语中的创新性。在教学过程中，认知法要求学生对教学目标有清晰而细致的把握，要求学生在任何一个环节都要理解其中的内容（不论是学习语言知识，还是技能训练），这样就使得学生能根据教学目标发挥主观能动性和创造性，从而进行有效的英语学习。

第三，认知法重视语法的教学，认为语法教学应当通过有意义的练习来进行，而不能通过机械、反复的练习来实现；适当地使用母语也是必不可少的。

第四，认知法根据认知心理学的原理，强调教学过程需要尊重学生的认知过程，根据已经掌握的知识学习新的知识，循环积累。

第五，认知法允许学生出现语言错误，不赞同有错必纠；强调对主要错误进行分析、疏导和改正。

第六，为了有效地创设语言环境，使公共英语教学情境化，认知法认为应充分运用信息化教学手段，发挥技术的优势。

（二）认知法的优劣势

1.认知法的优势

第一，认知法更注重培养学生的创造性思维，其不仅强调提高学生的英语应用能力，还强调提升学生的综合素质，使之满足现代社会对人才的需求。

第二，由于认知法要求教学应该依据学生的认知规律展开，因此在教学过程中教师必须结合语言规律，将学生的生活实践整合到教学中，这有助于提高英语使用的准确性和得体性。

2.认知法的劣势

第一，在基于认知法的公共英语教学过程中，讲解语法必须恰到好处。不能费时过多或讲解得过于详尽，这样就可能走到语法翻译教学过于强调语法分析的弊端上；也不能过于简化，这样不利于学生对语法现象的理解；在具体操作时，还应该注意学生的理解情况。因此这对教师的教学水平提出了较高要求，不利于推广。

第二，认知法首先强调语言练习必须有意义，同时必须摒弃大量死记硬背的机械式操练；但实际上，反复操练在英语学习中是必不可少的环节，特别是对初学者而言，因此在实际教学中很难把握。如何处理语法教学和机械操练与有意义练习的合理适用性问题有待认知法进一步探讨。

第三，认知法仅仅强调从认知规律的角度出发进行教学，并没有强调交际能力，在社会经济快速发展的今天，这并不能满足人们对英语交际功能的要求。

五、交际法

交际法是以语言功能和意念项目为纲，以培养交际能力为目标的一种教学方法。语言教学法专家常将交际法称为功能法。围绕将交际能力作为公共英语教学培养目标这一观点，产生了相应的语言观、学习原则。可以说，交际法的根本目的是培养学生的交际能力。

（一）交际法的特征

归纳起来，交际法主要有以下三个方面的特征。

第一，交际法强调以学生为主体。这不仅体现在教学目标应根据学生的需求而设立，还体现在学生是整个教学活动中的主体，是课堂的主角，是课堂活动的积极参与者。

第二，交际法把培养学生的交际能力作为教学的主要目标。交际法注重对学生交际能力的培养和提高，而对语言本身结构的准确程度的要求不是那么严格，它强调意义的表达及理解能力和沟通能力的培养。此外，交际法不仅关注教学过程，还关注对学习主体及其学习过程的研究。

第三，教学过程实现交际化，在符合实际的交际过程中进行英语的学习。一切真正的交际活动都必须具备三个特点，即信息差、选择和反馈。信息差是指交流中的一方知道对方不了解的内容；选择是指交际过程中说话者可以选择说什么以及如何说；说话者可以从听者接收到的信息来判断自己的目的是否达到，这就是反馈。

（二）交际法的基本原则

交际法旨在培养并发展学生的交际能力，这种能力有别于那种纯粹的"语言"能力。具体来说，交际法要遵循以下几个原则。

1. 交际中心原则

交际中心原则是交际法的首要原则。在高校公共英语课堂上，交际活动大体分为两类，即直接的交际活动和间接的交际活动。直接的交际活动包括教师向学生提出问题或发出指令，以及学生的回答等；间接的交际活动是与完成交际任务有关，并为交际活动服务的活动。例如，教师在讲某节课之前，可以就与教学内容相关的话题引导学生说出一些可能涉及的基本词汇或句型，并进行适当操练。可见，这种活动是为之后的课堂教学活动服务的，可以活跃课堂气氛，激发学生的学习兴趣。

总之，交际中心原则要求教师在课堂上组织或进行的一切教学活动都要以交际这个目的为中心。

2. 以学生为中心原则

很长一段时间以来，教师一直是公共英语课堂的中心，公共英语教学反复强调的是教而不是学，导致教与学被迫分离。通常的教学过程是教师进行讲解或解释，然后带领学生朗读单词或课文，最后由学生操练句型、教师批改作业。由于教师垄断了课堂上的大部分发言权，而学生大部分时间都在被动地"配合"教师的"教"，几乎没有主动参与语言实践的机会。这种传统教学模式的最大弊端是忽视了英语习得自身的规律，忽视了学生方面的因素。近年来，这种现象已经受到多方关注，大多数人都意识到英语教学应真正回归到学生，以学生为中心。

交际法强调交际，强调对学生交际能力的培养，要求以学生为课堂的中心，鼓励学生积极主动地参与各种课堂活动与实践活动。具体来说，教师要承担的职责如下：一是教师要为学生创造一种轻松、和谐的课堂氛围，将课堂变成没有压力的语言实践场所；二是教师要有意识地调动学生的主观能动性，从预习到课堂实践、课后复习，每个环节都应该让学生自己去思考、发现问题并自己动手去解决问题。以学生为中心的原则不仅体现在教师与学生角色的变化上，还体现在教材内容的选择上。这对教师来说是一个挑战，他们必须充分了解学生的不同学习需求与学习动机，根据学生的不同需要来选择具有针对性的教材。另外，教师还可以自己选择或推荐一些教学材料给学生。

3. 以任务为指向原则

在语言教学过程中，如果教师为学生提供一定的交际活动或分配一定的任务，学生就有机会使用所学的语言进行真实的交际，提高语言应用能力。因此，交际法教学不能局限于对语言本身的学习，或是将语言单独作为一门独立课程来学习，而应将语言的学习渗透到其他学科的学习任务中，将语言作为一个工具或介质用来学习其他学科的知识。

事实上，任务和交际是不可分割的，以任务为中心，学生之间可以有更多、更真实的交流，学生的主动性和积极性也会更强。此外，由于任务往往有其具体的情境，学生在参与活动或完成任务的过程中无形中提高了语言的应用能力。此外，以任务为指向还意味着将学生从呆板固定的课题中解放出来，学生可以在形式多样的课外活动与任务（如英语辩论、英语演讲、英语歌唱）中培养与发展自己对语言的应用和驾驭能力。

4. 注重整体性与综合性原则

学生学习语言的目的是获得语言交际的能力，包括对语言的接受性技能和产出性技能。因此，要重视对语言教学的整体性与综合性把握。重视整体性要求将听、说、读、写、译等基本语言技能与学生的具体交际结合起来。具体来说，无论上什么课，都要贯彻综合训练听、说、读、写、译五项基本技能的精神，只是在局部上要对各个单项技能的教学内容有所侧重。

此外，综合性原则还要求教师不仅重视语言交际手段，还要重视非言语交际手段，如身势语、符号、图标等都可以用于课堂上的交际。

六、任务型教学法

任务型教学法是交际法的延伸，是一种强调"在做中学"的语言教学方法。

该方法是一种以具体的学习任务为学习动力，以完成任务的过程为学习过程，以展示任务成果的方式来展现教学效果的方式。

（一）任务型教学法的特征

作为高校公共英语课堂教学的一种有效方法，任务型教学法至少具备以下两个特点。

第一，聚焦于实际任务，而非单纯的语言形式操练，尤其是针对无意义或意义不大的语言形式。

第二，任务设计应紧密围绕现实生活中的交际问题，确保这些问题与学生的日常生活、学习经历以及社会交往紧密相关。这种联系应当具体而生动，能够激发学生的学习兴趣和积极性，并引起其共鸣，还能使他们在完成任务的过程中逐步掌握语言知识和技能。

在任务型教学中，教师应从学生的角度出发，设计具有明确目标的教学活动。这些活动应形成一个渐进的、有层次的连续过程，确保学生在完成任务的过程中能够逐步提升语言技能和实际应用能力。

（二）任务型教学法的基本原则

1. 真实性原则

在设计任务时，应确保提供给学生的语言信息是真实且准确的，帮助他们明确语言形式与功能之间的关系。教师通过模拟语言情境或真实的语言情境，使学生能够深入体验并理解英语这种语言。

2. 形式/功能性原则

任务设计的核心在于结合语言的形式与功能，而主要目标则是让学习者在掌握英语语言形式的同时，实现对语言功能的自主把握。每个阶段的任务都应具有引导性，使学生在完成任务的过程中积极推进语言形式的学习，学会逻辑推理和演绎，同时在实际情境中理解和应用语言功能。

3. 阶梯性原则

任务设计应强调循序渐进，从简单到复杂、从容易到困难，逐层递进。这样的设计可以确保学生从初级任务逐步过渡到高级任务，同时高级任务也能涵盖初级任务，形成循环。在技能培养上，应遵循"先听、读，后说、写"的设计顺序，使高校公共英语教学呈阶梯式的层层递进。

4. 做中学原则

任务型教学法鼓励学生在完成特定交际任务的过程中学习英语并积累经验。这种方法符合做中学原则，因为它促使学生为了达成特定的学习目标而采取适当的语言行为。通过这种方式，学生能够在实践中不断学习和进步。

七、沉默法

沉默法的理论基础是结构主义，倡导者为英国数学家兼心理学家凯莱布·加德尼奥（Caleb Gattegno）。该方法提倡在教学过程中教师扮演辅助角色，尽量少说话，学生起主导作用，要尽量多说、多参与。

（一）沉默法的特征

沉默法的主要特征：第一，学习过程中，侧重学习者的领悟，学习者主动地去体会、归纳英语这一语言的特点，自己去发现和创造，不是机械背诵词汇和语法知识；第二，学习过程中，借助一定的外力，如特定的场景、特定的物体，这样有助于学习者领会英语这一语言；第三，通过解决实际问题，如直接应用英语，学习者能更好、更快地掌握英语；第四，重视口语，书面英语的传授相对放在后面；第五，教师的作用只是辅助，教师不直接参与学生交流，甚至不直接纠正学生错误。

（二）沉默法的优劣势

沉默法的优势很明显：主要体现了学习者在学习过程中的主体地位；学习过程富于乐趣和创造性；能够很好地培养学习者的个性和解决问题的能力。

其劣势也比较突出：第一，教师的作用被弱化，不利于基础阶段的英语学习者，不利于培养准确的语言表达和语言结构；第二，教学过程会被延长，主要因为学习者要不断尝试、不断体会、不断改进；第三，对学习者的要求比较高，主要体现在学习者的学习意愿方面，一旦学习者学习意愿下降，其很可能会中断或者放弃英语学习。

八、案例教学法

顾名思义，案例教学是指以案例为载体开展教学活动。从本质上讲，案例教学法是以案例为基础，以学生为中心，基于案例情境的呈现，将理论与实践紧密结合，对学生进行有效引导，使其能够发现、分析和解决问题，从而实现理论的掌握、观点的形成以及能力的提高的一种教学方法[1]。

---

[1] 沈秋欢. 行政管理学案例教学的问题与优化：基于建构主义理论的视角 [J]. 产业与科技论坛，2018，17（21）：188-190.

（一）案例教学法的特征

案例教学法的主要特征：在教学目标上，以全方位提升学生的实践能力为目标；在师生关系上，以学生为主体，教师提供引导；在教学内容上，以"程序性知识"为主；在教学手段上，以案例分析为主要抓手。只要抓住这几个主要特征，无论是理解还是实施案例教学法就都有据可依了。

（二）案例教学法的实施步骤

案例教学法以学生为主体，以开放性问题、互动式讨论和启发式教学为特色，因此其实施流程应体现上述特征。案例教学通常包含三个主要步骤，即课前准备、课堂实施和课后评价。

1. 课前准备

课前准备包括教师的课前准备和学生的课前准备。教师的课前准备又包括理论准备、案例选择、案例内容准备、确定案例教学重点、准备教学计划和为学生划分小组等。教师在课前准备时，首先要确定所选案例是否适合特定课程、特定主题的教学需要，继而确定案例中包含的教学重点。这就要求教师对案例做全面、充分的研究，并在此基础上对在公共英语课堂上可能出现的问题做出预设。同时，教师还要提前将学生划分为几个讨论小组，以开展分组讨论，避免大组讨论时有部分学生不能积极参与。学生同样需要进行课前准备，包括阅读和思考案例、个人案例分析和小组案例讨论。

在案例教学中，教师可以根据教学需要决定是否将案例提前发放给学生。一般来说，如果案例比较复杂，其中涉及的背景信息需要学生自行查询，而案例中需要解决的问题也需要学生花费时间查找相关理论依据，则可以在课前将案例提供给学生。如果案例本身并不复杂，且教师会在公共英语课堂教学时向学生介绍相关背景，则无须在课前将案例提供给学生，教师可以让学生做针对性的准备，如查询相关的理论概念或背景知识等。如果学生能在课前拿到案例，则可展开个人对案例的思考和分析，进而在小组范围内进行讨论，形成小组意见并在班级讨论时进行反馈。如果案例比较复杂，考虑到课堂时间有限，小组提前讨论并形成小组意见，有助于节约课堂时间，使讨论更加深化。

2. 课堂实施

课堂实施过程是案例教学的核心步骤，一般包括背景介绍、小组讨论、小组代表发言、相互提问、重点问题讨论和教师归纳与引申等环节。

课程开始时，先由教师对本次课上采用的案例进行介绍，接着由学生分小组对案例进行分析和讨论，如果课前已经发放案例，并进行过小组讨论，则可以直接过渡到各小组代表对本组就案例展开的讨论情况、对案例的分析和问题的解决方案进行发言。在一组代表发言后，其他小组的成员可以就该组的发言内容提出问题，如对其分析的过程或给出的方案质疑。继而再由另一组发言，其他组提问、讨论，直到每组代表都发表了本组的观点，并展开一定的讨论。在此过程中，教师必须密切关注各小组提出的方案以及讨论的内容和走向。

此外，学生在讨论案例的过程中，有时会偏离重点，有时会浮于表面，在必要时，教师可以择机介入，或提供更多与案例相关的背景信息，或对讨论的方向加以引导，其目的都是让讨论能够集中在案例的重点问题上，并不断走向深入。与此同时，教师还要特别善于抓住学生讨论中的"闪光点"，如学生提出的出乎意料的新问题、新视角，并及时提醒他们聚焦于创新性的问题解决方案。在公共英语课堂讨论接近尾声时，教师需对讨论进行简要的概括与总结，同时特别重要的是要能对讨论的问题在理论方面有所升华，让学生更清晰地看到恰当的理论如何能够更好地运用于解决实践中的问题。

3. 课后评价

课后评价也是案例教学过程中不可或缺的步骤。实施案例教学的公共英语课堂是一个知识和智慧并存的场所。每一堂课对教师和学生来说都是一次学习过程。课后评价是由教师和学生共同参与的。案例教学经常采用的一种课后评价方式是学生和教师撰写反思日志。学生的反思可以包括经过英语课堂讨论后对案例形成的新认识，对讨论过程中各种问题的思考以及对本次案例教学的优点和不足之处的评价等；而教师则主要反思本次案例教学在实施过程和实施效果方面还有哪些可以改进之处。课后评价是为了让通过案例开展学习的过程更加顺畅，持续改进高校公共英语案例教学的效果。

九、PBL 教学法

基于项目的学习方法（Project-Based Learning method，PBL 教学法）是一套设计学习情境的教学方法，是问题式学习或项目式学习的教学方法，最早广泛应用于医学院校学科教学。随着教学客观条件得到满足，PBL 教学法被融入越来越多的学科教学课程设计中，其中包括英语学科。在实践过程中，可以发现 PBL 教学法有以下优势特点。一是可以有效调动教与学的积极性。在教学中采用 PBL 教学法，既需要老师系统性指引和总结教学知识体系，又要求学生在课外进行大量准备。二是增强学生的团队合作意识。PBL 教学法鼓励学生组建学习小组，分工协作，共同思考具有复杂性和开放性的客观问题。

（一）PBL 教学法的基本理念

在高校公共英语教学中应用 PBL 教学法，可以将课堂与实践、教师与学生等多维因素进行协同，实现高校学生的知识、技能和态度三个要素的全面提高[①]。因此，PBL 教学法是推进高校公共英语教学实施、改进高校公共英语教学过程、培养新时代所需人才的有效途径。

利用 PBL 教学法实施高校公共英语教学，基本过程包括创设问题、需要知识、主动学习、完成任务及评价反思，如图 5-1 所示。以问题为导向的 PBL 教学法的要求包括以下几点。

第一，教师根据课程结构，结合所学知识框架体系创设问题。

第二，教师帮助学生了解解决问题所需的知识点。

第三，学生结合已有知识学习新知识，在教师引导下形成小组进行探讨交流。

第四，学生提出解决问题的方案，进行成果展示；教师对这一过程进行评价，帮助学生进行自我反思。

PBL 教学法具有灵活性与多样性，兼顾协同性与开放性的特点，赋予学生自主选择的权利，激发学生的成就动机与创造潜能，充分满足学生的发展需要。

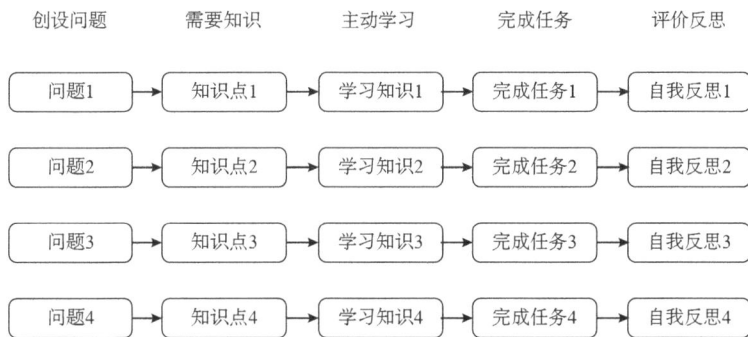

图 5-1 PBL 教学法的基本实施过程

（二）PBL 教学法的深度学习模式

PBL 教学法不仅是一种以学生为主体的教学方法，还是一种以学生为中心的学习方法。PBL 教学法的深度学习以问题为出发点，将知识进行多维组合与构建，

---

① 赵斌. 国外教学新方法的创新路途［M］. 杨凌：西北农林科技大学出版社，2015.

在高校公共英语教学的实施过程中促进学生深层次的学习，培养学生自主学习能力。PBL 教学法的深度学习模式分为设疑、解疑及质疑三个阶段，其分别对应高校公共英语教学的导入、过程、结果三个层次的深度学习过程，如图 5-2 所示。

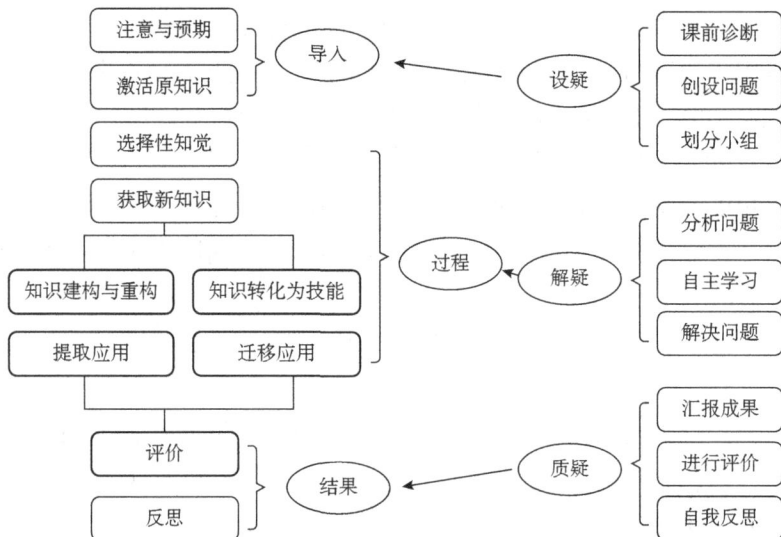

图 5-2　PBL 教学法的深度学习模式

一是设疑阶段。首先，教师根据高校公共英语教学的要求，对教学内容、目标及学生特点进行分析和课前诊断；其次，把教学内容的重难点浓缩到问题中去，创设问题，该问题不是简单的信息堆砌，而是对多维知识的整合，要吸引学生的眼球，激发学生的好奇心和寻根究底的探索精神；最后，对学生进行分组，让学生取长补短，培养其团队合作意识。

二是解疑阶段。首先，小组内成员共同探讨分析高校公共英语教学过程中遇到的问题；其次，每个同学在老师及其他同学的帮助下自学所需知识；最后，汇总各成员收集的信息和资源，提出解决问题的方案。在这一阶段，教师要充分发挥引导者、监督者、鼓励者的作用。

三是质疑阶段。首先，在教师的组织下各小组汇报高校公共英语学习的成果；其次，教师和其他小组人员对此进行评价；最后，学生进行自我反思。在这一阶段，学生发现并认识到学习过程中的不足或错误并及时改正。

十、自觉实践法

自觉实践法是指突出英语教学的语言实践倾向性，以期学生通过合理的实践活动来实现英语掌握的一种有效的教学方法。

（一）自觉实践法的提出

在 20 世纪 60 年代初期，苏联为有效解决原先的自觉对比法存在的问题而提出了一种新的教学方法，即自觉实践法，该方法继承和保留了苏联教育的重要传统——自觉性。自觉实践法的创始人是苏联心理学家别利亚耶夫（Belyaev）。

20 世纪 50 年代后期，苏联英语教学界对 20 世纪 40 年代开始采用的自觉对比法提出了尖锐的批评，认为这种方法对于语言理论知识的讲解过于偏重，过多地使用翻译和对比，忽视英语实践能力尤其是口语能力的培养，已经远不能满足当时社会对英语人才的需求。在此时代背景下，自觉实践法应运而生，它一方面对欧美流行的听说法、视听法的长处进行了有效借鉴，另一方面对苏联现代语言学、心理学的成就进行了有效的吸收，并在此基础上逐渐发展起来。

（二）自觉实践法的基本原则

1. 交际性原则

这是 20 世纪 70 年代的自觉实践法与 20 世纪 60 年代刚形成的自觉实践法相区别的重要标志，因为它把"英语教学的言语实践倾向性"进一步提高为"交际性"。由此得知，所谓实践，不只是一般情况下提到的语言实践，其具有明显的交际性特征。交际性原则被明确规定为自觉实践法带有根本性的头条原则和主导原则。

2. 自觉性原则

该原则是早期自觉对比法的主导原则，自觉实践法对此有所继承，但也有所修正和发展，而且其不再处于主导地位。只要学生懂得所学语句的含义，并清楚该句适合在何种交际场合下应用，即使他们不会对语法进行分析，也可算作"自觉"。从这些主张也可看出自觉实践法对交际是十分重视的。

3. 情境性原则

心理学证明，如果掌握英语的过程能与真实交际情境实现最大程度的相似，自动化的技巧和技能便能更快地形成。因此，自觉实践法主张在课堂上进行教学时多利用情境，仿照真实的交际情境对语言材料进行组织，由交际情境决定句型的选择，这也是为交际性原则服务的。

4. 口语领先原则

在强调这一点的同时，强调听、说、读、写、译并进。自觉实践法认为，只有首先通过口语来实现对语言材料的掌握，才能为听、说、读、写、译并进创造条件。口语领先的具体做法因教学目的和阶段的不同而有所不同，但一般情况下在入门阶段是没有口语导论课的。

5. 考虑母语原则

在知识、技巧和技能方面母语具有积极迁移作用，基于此，要有效利用该方面的作用来克服母语的干扰。在课堂教学中对于母语的利用要有一定限度，不可滥用翻译和对比。只有在使用其他手段揭示词义无效时，才使用翻译；只有在必要时，才进行两种语言的对比。

6. 综合性原则

高校公共英语课具有综合教学的性质，因此，应以综合教学为主，单项（语音、语法、词汇等）教学为辅，把句子作为教学单位，在句法的基础上进行词法的学习。在初级阶段，强调以句型体系为依据进行教材的安排。

7. 直观性原则

要求在各个教学阶段，广泛而系统地应用各种教学技术手段，以使教学内容更加直观，从而保证学生对所学语言现象形成正确的概念。

8. 圆周式安排教学原则

该原则要求根据不同的教学阶段进行教材的安排，同时必须考虑每一个词汇和语法现象在语言体系以及现实交际中是否都具有典型性和代表性，是否能够举一反三。在初始阶段，只安排语法范畴的基本意义和语法意义的典型表达手段，对于次要的意义、不太典型的用法和表达手段则在下几个阶段进行具体安排。这样，便可以保证从教学最初阶段起就能把语言作为交际工具来使用。一般情况下，这一原则可分为三个阶段，即初级阶段、中级阶段、高级阶段。

9. 考虑语体原则

这条原则实际上是交际性原则的延伸。以交际为目的的语言活动的结果都要借助一定的语言作品形式来表现，而真实的语言作品又都是带有一定的语体色彩的，如政论体、科技体、文艺体等。进行语言活动的人究竟采取何种语体，往往取决于一系列复杂的因素，其中包括交际目的、场合、社会身份等。总之，真正的语言作品从来都是具体的，都是以一定的语体表现出来的。因此，高校公共英语教学在一开始就应对语体问题进行重点关注，教给学生的材料都应力求带有一定的语体色彩。

自觉实践法的优点是吸收了视听法的情境性和直接法的实践性，并且对自觉对比法的自觉性进行了改造，同时对于交际法的功能性和交际情境也是十分重视的，它所提出的原则都具有一定的借鉴价值。它的问题在于：各种原则是否能够有机地结合起来；在领会知识、语言交际的过程中如何进行心理认识活动，也有待进一步研究。不管怎样，自觉实践法体现了现代英语教学走向折中的趋势，对于高校公共英语教学发展具有重要意义。

总的来讲，各种教学方法的出现和发展都与其所处的时代背景的特定需求或者相关理论的产生与发展有着密切联系。每种教学方法都有其特点，有优点也有缺点，这些在实践的过程中都能被使用者及时地掌握，并且为后来的教学方法的出现和发展提供极大的启示。需要注意的是，新的教学方法的出现不是要推翻和否定之前的教学方法。每种方法在特定的环境或者特定的教学阶段都能找到适合的位置，都曾经或正在起着积极的作用，因此英语教师需要博采众长，深入理解学习者所处的学习阶段和需求，有机地整合各种教学方法，从而使其发挥最大的效力。在应用各种引进的教学方法和教学流派时，英语教师必须保持清醒的头脑，充分考虑其在中国的各种适应性因素，绝不可以盲目照搬、人云亦云。

第三节　基于互联网的高校公共英语教学方法改革的必要性和策略

一、基于互联网的高校公共英语教学方法改革的必要性

（一）改革课堂教学方法对推动网络教学模式的实施至关重要

对于网络教学模式的应用，目前在许多高校的教学中还处于慢慢兴起的状态。网络教学的真正意义已经引起广大高校的重视，但是目前正处于不成熟的阶段，对于高校来说还没有一套固定的模式可以为自己所用。

（二）教学方法的正确使用是保障教学质量的关键因素

先进的教学方法离不开教师的灵活运用，因为不管是方法、模式还是内容、手段都是人为创造出来的，最终也是靠人来进行操作和实践的。即使是多媒体教学方式，通过网络、课件的演示等呈现出来好的内容，但其终究只是一种教学的辅助工具，永远不能代替人为的因素。鉴于此，不应该过分迷信、盲目依靠先进的教学方法，采用既有的教学方法或教学手段，结合网络教学的特点，重视发挥教师作为教学的引导者、组织者的重要作用，也能取得良好的教学效果。先进的

教学设备不是决定教学质量的重要因素，如果使用不当，不仅不会起到辅助和促进作用，还有可能干扰课堂教学，使学生抓不到课堂内容的重点，使先进的技术只流于形式。因此，高校通过探索和实践不断改革教学方法，充分发挥教师的主导作用，同时体现学生的主体地位，才是提高教学质量的关键。

（三）课堂上的互动和语言训练是公共英语课程的内在要求

在课堂上进行互动和语言训练，从课程性质的角度出发，是十分必要的。高校公共英语教学的目的是使学生掌握英语的基本交际能力，在听、说、读、写、译五个方面进行全方位的提高，只有具备了这些能力尤其是听、说能力，才能够真正将英语应用到日常的生活和工作中。因此，这意味着教师必须在课堂上通过与学生的频繁互动，在课堂的教学过程中实现英语交际的教学，训练学生的语言技能，让学生在反复的实践和应用中逐渐提高英语交际能力。

（四）"互联网+"迅速发展且对于高校公共英语教学改革具有重要意义

在积极推进课程改革的大背景下，高校公共英语的教学课时受到了压缩。由于学生之间的个体差异，他们对英语教学的需求也各不相同。部分学生因英语基础薄弱或能力有限，面临着知识结构不全面的挑战，他们的英语学习需求无法得到充分满足，这对他们的学习积极性和成绩提升产生影响。然而，新时代的到来为高校公共英语教学改革带来了新的机遇。

随着"互联网+"的快速发展，其在高校公共英语教学中的应用具有重要意义，具体表现为以下两方面：一方面，"互联网+"的兴起为学生提供了满足其英语写作学习需求的途径，从而极大地提升了他们学习英语的热情，在此背景下形成的创新型教学方式以其灵活性和多样性，有效地提高了学生的英语写作能力；另一方面，"互联网+"也为学生的英语阅读开辟了新的天地，在课余时间，学生可以利用相应的网络平台进行广泛的阅读，这不仅有助于提升他们的阅读理解能力，还能丰富他们的词汇量。可以说这种学习方式对于学生的英语学习具有显著的促进作用，显著提高了大学英语四、六级的通过率，进一步凸显了"互联网+"在高校公共英语教学中的巨大价值。

二、基于互联网的高校公共英语教学方法改革策略

（一）准确认识和运用网络教学法

网络教学法是一种包括新的传播媒介以及人与人之间的交互作用的教学法。

网络教学具有三大要素：一是网络环境，即所谓的信息技术学习环境；二是网络资源，即经过数字化处理，可在多媒体或网络环境下运行的教学材料；三是网络模式，即利用信息技术，通过对资源的收集和利用，发现知识、探究知识、展示知识及创造知识的学习模式。

网络教学法在高校公共英语教学中的应用策略包括以下两方面。

一方面，注重激发学生学习英语的兴趣。学习是主动的过程，兴趣是最好的老师和助推剂，在网络教学中，要注重多种媒介功能的集合作用，变传统教材的呆板为信息技术的生动情境化。学生在网络教学提供的英语环境下积极主动地去寻找感兴趣的教学资源，通过图像、文字、声音、动画等，促使学习的趣味性和主动性进一步提高。

另一方面，营造一种开放的学习环境和自主的学习氛围。注重发展创新英语学习模式，使学生在自己愿意的时间、地点，以自己乐见的方式学习，且不受时间、地域的限制。在网络教学中，要注重丰富的网络资源的有效利用，为学习者提供传统教学难以提供的英语语言环境。同时，由于网络教学自身的特点，学习者可以结合自身情况进行自主学习，还可以在网络上进行自由的双向、多渠道交流。

（二）准确认识和运用互动式教学法

随着社会和科技的发展，多媒体网络教室将视听教学媒体有效地结合在一起，为在高校公共英语教学中开展互动式教学创造了可行性。

1. 准确认识互动式教学法

（1）明晰互动式教学法的概念

互动式教学法即通过营造多边互动的教学环境，在教学双方平等交流探讨的过程中，达到不同观点的碰撞和交融，进而激发教学双方的主动性和探索性，达成提高教学效果的一种教学方式。它是"教"与"学"二者相互促进的新型教学方法，也是促使师生一起参与课堂教学的新型教学方法。

（2）明晰互动式教学法的重要性

在公共英语教学中，互动式教学发挥着至关重要的作用，具体表现如下。

第一，有利于营造良好的学习气氛。高校公共英语教学的核心目标是培养学生将所学的理论知识应用于实际情境的能力。为实现这一目标，可以充分利用计算机、视频、图像等多媒体设备，为学生营造一个富有吸引力和实效性的学习环境。通过合理应用模拟情境等互动式教学法，可以确保学生成为教学活动的中心，从而让学生在模拟情境中完成对旧知识的复习以及相关新知识的学习和巩固。这种结合理论与实践的教学方法，可以帮助学生更加深入地理解和记忆所学知识，并从中获得丰富的实际经验和启示。

第二，有利于丰富课堂内容。互动式教学不仅让教师摆脱了冗长而单调的授课模式，使他们可以从繁重的课堂讲解中解脱出来，还能够使其有更多时间与精力去完成对学生学习兴趣、目标、能力、习惯的了解和掌握。这样的互动过程为教师提供了宝贵的第一手资料，从而助力其制订更加贴合学生需求的教学计划，并制订个性化的授课内容，推动个性化教学的实施。可以说，这种转变标志着教学模式已演进为研讨型模式，其中学生是教学活动的主体和中心。

第三，有利于提高学生的学习兴趣。互动式教学通过融入计算机等多媒体设备，能够将面授课堂变得生动、具体且富有感染力。这些多媒体设备可以提供多种学习材料，如图像、声音和视频等，极大地丰富了教学内容的表现形式。这种多样化的呈现方式不仅激发了学生的好奇心，还使其思维更为活跃，让他们可以更容易地完成授课内容的理解和记忆。互动式教学与多媒体的结合，使得学生不再受限于传统的呆板、枯燥的板书，而是能够沉浸在具有感染力的声音和生动画面中，从而更加积极地参与学习。

2. 注重互动式教学法在高校公共英语教学中的合理应用

（1）提高教师自身的素质

随着科技的日新月异，互动式教学法对教师的要求也在不断提升。这种教学方法不仅要求教师具备深厚的教学理论知识，还要求教师对多媒体技术熟练掌握和运用。在互动式教学中，计算机成为不可或缺的重要工具，教师的计算机运用水平对于教学的质量和效果具有决定性的作用。因此，教师需要不断磨炼自己的计算机技能，并积极参与公共英语教学相关课件的制作，从而使其教学技能得到充分发挥，并推动教学效果有效提升，为学生提供更加优质、高效的学习体验。

（2）坚持学生主体性原则

在教学过程中，教师应该致力于学生学习积极性的充分激发，并始终遵循以学生为中心的教学原则，同时应鼓励他们进行自主性学习，使他们真正成为课堂教学的主角。教师应该赋予学生发言的自由权和参与的主动权，让他们在课堂上敢于表达自己的观点和疑问，特别是在高校公共英语教学中，教师应该鼓励学生勇于质疑，并及时给予解答。

（3）促进课程内容与多媒体技术的结合

互动式教学无疑是对学习资源的一次深刻变革，它全方位地影响了教师的教学方式、学生的学习方式，以及师生间和学生间的互动模式。在实践中，教师应借助多媒体技术展现公共英语的教学内容，学生则应利用这些技术平台展示学习成果和表达个人观点。此外，为了实施有效的互动式教学，教师需要强化教学设计环节，让多媒体设备不仅成为知识传递的媒介，还要转变为促进学生深度思考、模拟真实情境和增强课堂互动的重要工具。通过这样的方式，互动式教学能够进一步扩展和增加师生在课堂上互动交流的空间与时间，提高互动式教学的效率。

（三）准确认识和运用 VR 沉浸式英语教学法

1. 准确认识 VR 沉浸式英语教学法

由于传统教学方法较为简单，无法有效帮助学生提升自身的综合能力。虚拟现实（VR）技术综合了网络技术、人工智能以及多媒体感知技术等多种先进技术的优势，为教学提供了一个良好的人机交互的三维虚拟环境，而且在 5G 的加持下，虚拟现实技术的很多难题如略显笨重、设备延迟等也被妥善解决，同时其价格也更加低廉，续航能力更加持久。

沉浸式英语教学法是指让学生和环境进行自然的交互与沟通，并可以沉浸其中完成学习活动的方式。为了促进学生参与到英语沉浸式学习中，教师就需要为学生构建一个真实的生活场景，但是由于时间、距离以及安全性等问题的限制，不能将全部的真实场景搬到课堂教学中，而通过 VR 技术则可以使这一问题轻松得到解决。VR 沉浸式英语教学有助于学生将学习理论和生活联系起来，并在虚拟的学习环境中进行审视情境的互动，而非传统的对知识点进行死记硬背，这将有效推动教学质量和效率的提升。

2. 优化完善 VR 沉浸式教学设计

VR 沉浸式教学重视学生的主体地位，以学生为主，教师担任辅助的角色，学生活动是这种教学方法的主要内容。这种教学方法设计的基础是以学生为主，并对 VR 技术和沉浸式教学的特点带来的教育方面的变革进行充分考虑。前期分析、中期设计和后期评价是 VR 沉浸式教学设计的三个主要板块。前期分析需要分析学生的学习需求、学习内容、特征和教学目标；中期设计环节需要创设 VR 教学环境，完成课堂教学、教师活动和学生活动的合理设计；后期评价包含两个部分，分别为评价学习效果和总结反思。

（1）前期分析

VR 沉浸式教学设计的前期分析由以下四个部分组成。

第一部分，学习需求分析。为了找到教学中的问题，教师可以利用问卷等形式进行调查，掌握学生的兴趣；可以以数据的具体分析来获悉问题，并及时有效地解决问题，将学生的需求作为考虑依据，依据学生的需求进行学习标准的制定。学习需求分析由三个方面的内容组成：一是通过调查研究来获知问题；二是对问题进行分析并实际解决问题；三是对现有资源进行分析并获知问题解决的难度。问卷设计可以参考之前的教学资源形式以及对教学资源的态度来进行。

第二部分，学习内容分析。可以根据需求分析进行一些非常规的现实场景的还原，如可以开展以"火灾"为主题的教学，充分发挥 VR 技术的作用，模拟一系列真实场景，以达到沉浸式教学的目的，让学生具备良好的应对心态和形成较强烈的自我保护意识。

第三部分，学生特征分析。主要可以从学生的学习能力、已有知识结构以及智力发展状态等方面入手进行分析。这一步工作非常有必要，将对教学设计后面几部分的具体设计产生重要的影响，尤其是在 VR 沉浸式教学过程中，其重点需要考虑的问题就是学生已有的知识结构。

第四部分，教学目标分析。教师会预先制定好教学目标，并由学生和教师共同努力来完成，教师需要先制定好教学目标，以便学生以目标为活动依据来完成接下来的学习。因此，教学目标分析主要是针对教学课堂内容和相关教学单元内容进行的，这对深入理解学生学习的知识模块组成很有帮助。VR 沉浸式教学的目标是促进学生沉浸到虚拟现实场景中，并促进其认知体系的构建，这不仅有利于其自主探究能力和解决问题能力的提升，而且能有效推动其创新思维能力的培养和发展。

（2）中期设计

VR 沉浸式教学设计的中期设计由以下几个部分组成。

第一部分，沉浸式教学环境创设。VR 沉浸式教学法强调在课堂教学中学生处于主体地位，同时强调要以促进学生的沉浸式学习为目标，推动学生解决问题的能力以及自主探究能力的提升，注重培养学生的创新思维能力。在开展 VR 沉浸式教学时，最核心的问题之一就是沉浸式环境的创设，这需要利用 VR 技术和 VR 眼镜来完成，而 VR 教学资源的合理选择和利用也是学生实现沉浸式体验的一个重要依据。

学习环境主要包括两个部分：一是人际交互关系，二是学习资源。前者又分为师生关系和生生关系两种，而后者由教学工具、教学媒体的选择、学习空间等几个部分组成。应该基于 VR 沉浸式教学的基本要求和需要来进行教学媒体（如 VR 眼镜、VR 教学资源和教室环境）的选择。我们需要重视学习环境的优化，可以说，良好的学习环境创设有利于对学生形成吸引力，激发其学习兴趣，加强其对相关记忆知识的提取，并进行认知的重组等。学生通过 VR 教学资源可以进行良好的人机交互学习，并可以进行各种尝试性学习和有效的反馈，从而形成正确的认知体系，并加强思维技能的培养。

第二部分，课堂教学。课堂教学包括明确问题、提出假设、沉浸探索、得出结论及反思评价五个部分，在此基础上需要区分教师活动和学生活动，并且重视教师和学生在各个阶段有不同的任务与目标。

第三部分，教师活动。首先，教师要对教学内容和教学目标予以确定，并根据内容进行情境的创设和提出问题，然后由教师和学生对假设进行共同探讨；其次，教师引导学生在 VR 教学资源和 VR 眼镜的配合下进入情境，进行问题的自主探索与解决等，学生的能力水平和已有认知结构会影响这个过程的完成时间，教师的作用主要是进行必要的引导和辅助，不能代替学生进行探究和解决；最后，等学生完成探究后，教师可以积极组织学生进行讨论和交流，对假设是否成立进行验证，然后得出结论，并经过不断反思来获得提升。

第四部分，学生活动。首先，学生应该在教师的引导下进入情境中，并对教师的提问进行思考和自主探究，同时还可以和学习小组展开交流与互动，并对问题进行假设；其次，学生利用 VR 教学资源和 VR 眼镜展开自主探索，对知识获取过程进行直接感知，并对学习的知识经验进行总结和讨论，对比之前所提出的假设；最后，学生与教师进行交流和讨论，获得结论并对自己的学习过程进行反思评价。整个过程中，教师应作为学生的学习伙伴和指引者，这有利于培养学生解决问题的能力和自主探究的能力。

（3）后期评价

评价学习效果和总结反思是 VR 沉浸式教学设计的后期评价的两个部分，下面分别阐述这两个部分。

第一部分，评价学习效果。学习过程和结果是其主要的评价内容。学生是否适应 VR 设备、是否理解教学任务的情况，以及能否对 VR 设备进行灵活应用是学习过程的评价内容。评价学生作品、完成任务程度和教学反馈效果是学习结果方面的评价内容。

第二部分，总结反思。总结反思环节是教学活动结束后的必要环节，对教学设计的框架进行总结与概括，将其中做得比较好的地方提炼出来，引入 VR 沉浸式教学设计，然后反思整个教学设计的过程，并改进过程中的不足之处。

第六章 互联网背景下高校公共英语教学模式的改革

在互联网技术不断发展的信息化时代，高校公共英语在教学模式改革方面已取得了一定的成效，特别是利用现代信息技术手段构建基于课堂和计算机的高校公共英语教学的新模式。通过深入分析高校公共英语教学模式的基本理论知识和常见类型以及互联网背景下的有效教学模式改革等方面，以期建立更加符合学生需求和课程需求的高校公共英语教学创新模式。本章围绕高校公共英语教学模式概述、高校公共英语教学模式的常用类型、基于互联网的高校公共英语教学模式改革的重要性和策略等内容展开研究。

第一节 高校公共英语教学模式概述

一、教学模式

（一）教学模式的概念

教学模式亦可称作教学结构，其本质是在特定教学思想的指导下，经过长期教学实践积累而构建的、具有典型性和稳定性特征的教学程序或阶段。它并非一蹴而就，而是在教育工作者长期的实践、总结与改良过程中逐步形成的。它来源于教学实践，同时又作为指导原则，反过来对教学实践产生深远的影响，是教学过程中的重要影响因素。

教学模式可被视为一种教学活动的典范或模板。教育工作者在深入研究教学实践的基础上，以教学理论为指导，结合个人经验和教学实践的实际效果，提出并不断完善一种或多种教学模式。因此，教学模式能以具体、可操作的形式体现教学理论或理念，为教学实践提供明确的方向和具体的指导。

（二）教学模式的构成与分类

1. 教学模式的构成

（1）教学思想与教学理论

教学模式的背后蕴藏着丰富的教学思想与教学理论，往往汲取哲学、教育学、心理学、技术学和文化背景等多方面的理论精髓。这些思想和理论不仅凝聚了时代的智慧，为教学提供了明确的方向，更决定了教学的核心目的，实现了有效的教学环节控制和教学设计指导，并引领了教学方法的革新，特别是在教学改革的大潮中，先进的教学思想与教学理论扮演着定位者、导航者和调控者的角色，为教育的持续进步与发展提供了坚实的支撑。

（2）特定目标

教学模式的存在基石就在于其特定的目标。无论进行何种活动，都必须首先明确一个特定的目标，所有其他行动都须围绕这一目标展开。在教学模式中，这一特定目标同样占据核心地位，它引领并制约着教学模式中的其他要素。

（3）教学环境

教学环境是一个综合性的框架，它涵盖了情境与资源两个关键部分，并深刻影响着教学模式的选择。教学环境不仅整合了教学资源、方法、观念、师生关系等多元支持性条件，更是这些条件外在表现的集中体现。

通过对教学环境的外在特征进行细致观察，并结合综合、概括和分析等思维过程，我们能够洞察事物的内在本质和深层规律，进而促进抽象思维的发展。因此，教学环境在教育中具有不可或缺的作用，它不仅能够增强学习体验，激发学习兴趣，更能在启迪智慧、获取知识以及提升能力方面发挥关键作用，成为教学模式中不可或缺的构成要素。

（4）结构

从根本上说，教学模式的结构是一个组合表达形式，它涵盖了教师、学生、教学内容、教学媒体以及技术、策略、方法、时间、空间等诸多要素。这些要素共同协作，使教学模式得以发挥其应有的功能。从静态视角来看，教学模式的结构体现了依据某种教学理论得以顺利进行的教学活动所必须具备的基本操作要素，是确保教学活动顺利进行不可或缺的基本框架。

2. 教学模式的分类

（1）基于教学活动的性质和组织形式的教学模式分类

基于教学活动的性质和组织形式的教学模式分类如图 6-1 所示。这种分类是基于客观主义的认识观，其理论基础是建构主义学习理论。

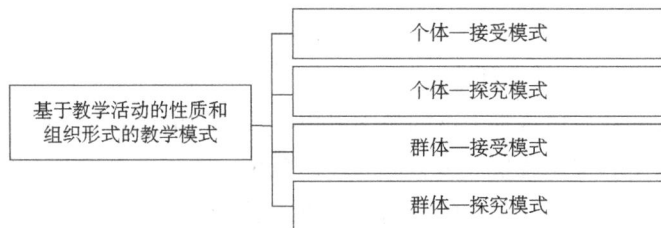

图 6-1 基于教学活动的性质和组织形式的教学模式分类

（2）基于教学角色地位的教学模式分类

基于教学角色地位的教学模式分类如图 6-2 所示。

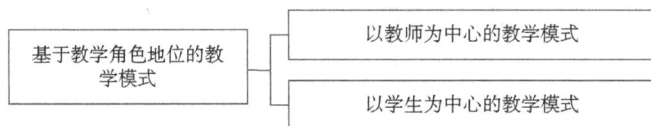

图 6-2 基于教学角色地位的教学模式分类

传统上，以教师为中心的教学模式有其明显的优点：它能够确保教师的主导作用得到充分发挥，使教师能够有效地组织、管理和控制课堂教学。然而，这种模式也存在明显的缺陷，即它往往忽视了学生在学习过程中的主体地位，导致学生往往处于被动接受知识的状态。

随着多媒体和网络技术的迅猛发展，以学生为中心的教学模式逐渐崭露头角。这种模式极大地激发了学生的学习兴趣，鼓励他们进行协商会话和协作学习。它还有助于创设合理的教学情境和获取更丰富的知识，进而使学生能够主动发现和探索新知识。此外，以学生为中心的教学模式还有助于学生建立新旧知识之间的联系，进一步促进他们认知结构的形成与发展。

（三）教学模式的功能

1. 简化功能

教学活动所具有的特殊性和复杂性特征是非常显著的，这就要求人们采用合理的教学方式，以达到理想的教学效果。教学模式首先在结构上是完整的，在机制上是系统的，可操作性也是非常强的。

相较于抽象的理论，教学模式在具体化、简约化方面的特征也是较为显著的，与教学实际的贴合程度更高。同时，教学模式还能为教师提供基本操作框架，使教师在具体的教学程序方面有更加明确和清晰的认识，因此较容易被教师理解、选用、操作与认可，受到教师的支持和欢迎。

2. 预测功能

教学模式在教学活动中实施所应该具备的重要基础和前提条件为教学活动中的内在规律与逻辑关系，这对于准确地对教学进程和结果做出判断会产生积极影响。

3. 调节与反馈功能

在教学中选择和运用教学模式，所参照的重要依据是具体的教学指导思想、教学条件和教学环境。在实际的运用过程中，如果某一种教学模式没有达到预先制定的教学目标，那么就需要对教学模式操作过程中的各个环节与因素都进行深入分析，将其中的利弊关系分析并提取出来，深入分析其原因并提出相关对策，从而保证教学活动的科学性与合理性。

二、高校公共英语教学模式

对于英语教学模式，中国英语教学理论界主要有以下两种理解。一种观点认为，教学模式可以被视作一个系统或理论构成因素的框架式描绘，它为教学活动提供了一个有理论支撑的操作框架。这个框架可能是基于某种特定的教学理论而构建的，也可能是基于丰富的实践经验总结提炼而成的。另一种观点则强调教学模式在语言教学或英语教学中的应用，它更倾向于对语言教学理论或英语教学过程中主要因素的本质及其相互关系等进行形象性表述。

针对现阶段英语教学模式建构的研究状况，我们可以发现我国当前关于英语教学模式的研究基本上是零散式的，但是在总体上从模式构建的视角来看主要包括以下四个方面。

①理论说——教学模式是从教学实践中形成的一种设计和组织教学的理论，并以简约的形式表达出来。

②结构说——教学模式是以相应的教学理论或思想为指导建构起来的不同教学活动的基本框架或结构。

③程序说——教学模式是以相应的教学思想为指导建构起来的能够完成所提出教学任务的具有较强稳固性的教学程序及其实施方法的策略体系。

④方法说——常规的教学方法俗称小方法，教学模式为大方法。

英语教学模式发展趋势所呈现的特点主要包括三个方面：由关注"教"的教学模式向关注"学"的模式转化；在模式构建中多门学科知识的整合性特征愈发明显；模式研究的理论不断深入，实验研究逐步成熟。

总的来讲，高校公共英语教学模式是用简要的、多样的方式反映或表达特定的公共英语教学相关理论，并根据特定的英语教学目标而设计的、比较稳固的各类英语教学活动顺序结构的程序及其教学策略、教学方法系统的整合体。

第二节　高校公共英语教学模式的常用类型

一、陈述式教学模式

（一）陈述式教学模式的内涵

陈述作为一种常见的学术交流形式，在学术环境中被频繁使用。它特指学生围绕某一特定话题，以口头形式向听众进行汇报的过程。当这种形式应用于课堂教学时，便形成了陈述式教学。在这种教学模式下，学生以英语口语为主要表达工具，陈述的内容可以是一部电影、一本读过的书、自己创作的一个作品，或是与所学专业课程紧密相关的某一话题、项目、计划等。陈述结束后，通常设有 5～10 分钟的答疑环节，听众基于陈述的内容向陈述者提出各类相关问题，以此加深理解和交流。可以说，陈述这项活动贯穿于高校公共英语教学的整个过程。

从本质上讲，陈述式教学模式抛弃了以往以教师讲授、学生练习为主的教学模式，而采用探究式教学、讨论式教学、提问式教学、合作式教学等多种教学方式。

（二）陈述式教学模式的实施步骤

在具体实践中，陈述式教学模式主要通过以下几个步骤来展开。

第一步，教师布置相关的任务。

第二步，学生根据任务进行分组，然后在组内展开讨论，并进行资料查询。

第三步，在查阅和讨论的基础上，每个小组明确陈述的主题。

第四步，学生利用课余时间自主查阅与主题相关的资料，进行深入阅读和理解，形成自己对问题的认识和分析。

第五步，学生借助多媒体等教学辅助手段，将自己搜集的材料进行整理和展示，阐述自己的观点和问题，组内进行演练、讨论和自评。

第六步，学生正式进行陈述，而在陈述结束后，预留出答疑时间，让听众（其他学生）针对陈述内容提出相关问题或建议。

第七步，学生对陈述进行评价，最后由任课教师进行点评和补充，总结本次活动的亮点和不足，并给出最终的成绩汇总。

（三）陈述式教学模式的应用策略

1. 转变教学理念，优化课堂教学

在实践中，教师应积极改变教学理念，提倡为学生开设口语陈述课程，采纳有助于学生能力培养的、行之有效的教学模式，改变以往学习主体消极被动的课堂教学，取而代之的是学习主体积极主动参与的课堂教学。该教学模式从课堂准备到具体陈述和提出问题都由学生来完成，学生课前需要查阅大量的与陈述主题相关的资料，了解所涉及的一些基本专业词汇，并且掌握一定的陈述技巧和策略。

众所周知，学生是高校公共英语课堂教学的主体，只有充分激发学生的学习热情及积极性，促使学生主动参与到教学活动中，才能够真正实现优化教学活动、提升教学质量的目标。

2. 结合网络平台，合理布置任务

口语陈述课程应充分运用当前已有的网络学习平台，将这些网络平台与高校公共英语课堂教学相结合，进行听说练习，从而培养听、说能力。与此同时，教师围绕特定的教学目的，每周课前布置训练任务，要求学生按时完成。每次课前教师设计出具体的、可操作性强的任务，保证学生能够按时完成任务，并最终达到学习和掌握语言的目的。该教学模式对教师有很高的要求，教师除具有敬业精神、较高的科研能力、掌握一定的现代教育技术之外，还需要具有先进的教学理念，以有效的任务组织教学，在任务的履行过程中，运用参与、体验、互动、交流、合作的学习方式，充分发挥学习主体自身的认知能力、语言实践能力，使学生最终达到综合能力提高的目的。

3. 构建多元化的评价体系，重视动态评价

高校公共英语教学陈述式教学模式需要一种与之相配套的评价模式，因而在教学实践活动中，需要构建多元化的评价体系，用于学习过程的动态评价，对学生的学习全过程进行监督，并全方位地考查学生的学习能力。具体做法：一方面，利用网络平台对学生平时的基础听说训练任务进行监测，强调学习过程的重要性，

与此同时，激励学生随时关注与成绩有关的听说能力，使他们有针对性地调控自己的任务进度和学习方法；另一方面，在口语陈述教学中，教师、学生需要对陈述者的陈述主题、陈述模式、陈述框架、陈述语言以及辅助陈述的演示工具等进行评价，对学生所提的问题进行评价，对团队的合作、分工协作等进行评价，并把评价成绩与评价内容详细记录下来。

大量的高校公共英语教学实践证实，陈述式教学模式转型在提升学生英语能力方面得到了充分验证，高校公共英语教学也显示出多元化、互动式、趣味性的特征，学生由被动的接受者转化成主动的学习主体。从效果上看，学生积极主动参与英语学习，英语水平和综合能力都得到了较大的提高。

二、ICS 教学模式

（一）ICS 教学模式的内涵

ICS（深度情境）教学模式倡导教师创设情境化的教学环境，引导学生在特定的情境环境中自主学习（independent learning）、合作探究（cooperative inquiry）和分享交流（sharing interchange），达成学习目标，养成良好的学习习惯和学习能力。ICS 教学模式将某一情境贯穿课堂始终，把课堂分为看似独立，实则相互联系的三个步骤。第一步，学生通过自主学习解决课程的基础问题，发现存在的难点；第二步，学生通过小组成员合作探究，解决自主学习中出现的问题，突破课程重难点；第三步，学生通过分享交流展示学习成果，分享本节课的收获，评价学习效果。

自主学习是与传统接受式学习相对应的一种现代化学习方式，是指学生作为学习的主体，通过独立分析、探索、实践、质疑、创造等来实现学习目标。福建师范大学教师教育学院院长余文森教授认为自主学习是指学生自己主宰自己的学习，是与他主学习相对立的一种学习方式[1]。该观点强调基于学生主观意愿有计划地自主学习，而不是被动地接受他人命令的学习。

高校公共英语课程改革首先要转变教学理念，把学习的主动权还给学生，使学生能主动投入学习中。为了满足课程改革的需要，ICS 教学模式以自主学习为起点，让学生在课堂前 10 分钟自主学习，掌握本节课的基础知识和基本内容，发现存在的难点。在自主学习中，学生锻炼自主学习能力，提升认知水平，为终身学习打下坚实的基础。教师要相信学生、尊重学生，提高学生参与的积极性，

---

① 左晓琴. 基于移动学习的自主学习策略研究［D］. 上海：上海师范大学，2017.

要顺应教育改革的需求，积极转变教学理念，强化自主学习效果。只有教学理念发生转变，才能适应新的 ICS 教学模式，落实课程改革的要求。

合作探究是以小组为单位，教师作为课堂的组织者，利用各种动态因素，促进学生合作探究，以集体为评价出发点，以达到预期目标的一种教学方式。小组合作探究为每个学生都提供了全面发展的机会，教师要以学生的生活体验和基本能力为出发点，始终将学生放在首要位置上，构建以小组合作为核心的学习模式。在突出学生主体性的同时，教师也要给予适当的指导，积极组织一些趣味活动，在小组合作中培养学生的团队合作能力和合作精神。学生在小组中相互尊重，发挥主观能动性，逐渐形成"我要学"的意愿。ICS 教学模式的合作探究是新课程所倡导的学习方式，是适应时代发展的科学的学习方式，有利于培养学生团队合作能力和合作精神。教师要认真研究小组合作探究教学的特点，找到更多优化课堂教学的方法。

合作探究具有互动性、问题性、过程性和开放性的特点。互动性是指课堂上同伴之间的互助行为，也是人与人之间的一种交往过程，就是学习主体之间的相互作用、相互交流、相互沟通，通过互动交流学习公共英语相关知识并解决实际问题。另外，合作探究的核心特征在于其问题性，它极为重视问题在学习过程中的地位，不仅鼓励通过问题驱动学习，将问题视为推动学习的动力、起点，并将其贯穿于整个学习过程之中，而且也强调学习本身能够催生问题，将学习过程视作一个不断发现、提出、分析和解决问题的循环过程。此外，合作探究学习还强调过程性，即学习不仅追求结果，更是一个必须经历的活动程序。在这个过程中，学生需经历质疑、判断、比较、选择等一系列的认知活动，通过多样化的思维方式和认知策略，进行观点的碰撞、争论和比较，最终得出结论。这种过程性不仅有助于学生深入理解知识，更有助于推动其创新精神和思维的有效培养。与此同时，合作探究学习还特别注重开放性，为学生营造一个宽松、和谐、民主的学习环境，使学生能够在心理安全、自由的状态下主动发展。

学习金字塔理论强调，学习效果最好的方式就是把知识传授给他人或者马上应用，而分享交流就很好地实现了这种效果。分享是人的天性，学生可以在交流和表达中，对知识、技能、思想、方法等进行重组、建构、反思和提升。分享环节直接关系英语学习效果，体现了在分享交流中提升英语学习效果的理念。分享交流以小组为单位，把课堂的收获分享给全班同学，展示学习成果，可以小组成员一起汇报，也可以派两到三名代表汇报。

在教学过程中，教师应积极与学生互动，促进彼此共同成长。教师需精心平衡传授知识与培养能力的关系，不仅要注重知识的传授，更要注重培养学生的独立性和自主性。教师应引导学生学会质疑、点评，鼓励他们进行合作与探究，让学生在实践中学习，并在教师的指导下主动、个性化地发展。教师在教育过程中应始终秉持对学生人格的尊重，深入理解并关注学生的个体差异，确保教学能够满足不同学生的学习需求，同时积极营造一种鼓励学生主动参与的学习环境，使学生的学习积极性得到充分激发，进而实现充分发展。ICS 教学模式正是这样一种教学模式，它要求高校英语教师创设能激发学生学习兴趣的情境，学生在特定的情境中自主学习、合作探究和分享交流，达成预定的教学目标。

（二）ICS 教学模式的总体框架

ICS 教学模式的总体框架如图 6-3 所示，该模式倡导学生在特定的教学情境中自主学习、合作探究和分享交流，为高校公共英语教师提供可参考的教学模式，能很好地解决目前英语教学中存在的学生积极性不高、解决问题能力不足、学习氛围不浓、学习习惯不佳等问题。

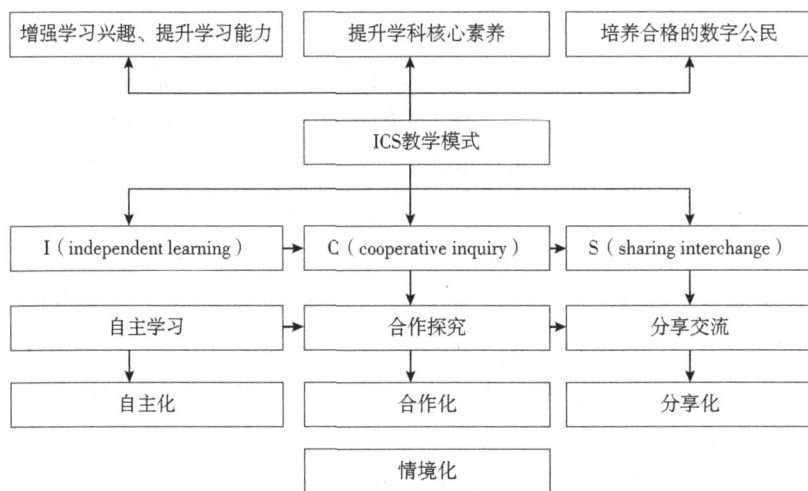

图 6-3　ICS 教学模式的总体框架

ICS 教学模式真正实现了"学生中心""先学后教""以学定教"的目标，能达到增强学生学习兴趣、提升学生学习能力、培养学生英语核心素养的目的，力争使每个学生都能成为信息时代的合格数字公民。

三、情感教学模式

语言学习本身是一个复杂的习得过程，涉及各种各样的因素。这些因素所起到的作用无形中会对学生学习英语的热情和动力产生直接的影响，但是，在现实教育中存在重知轻情这一在"知"与"情"方面教学不平衡的状况。为了使这一状况得以改善，相关学者提出了旨在提升学生素质且行之有效的教学模式，即情感教学模式。下面围绕与情感教学模式相关的内容进行探讨和分析。

（一）情感教学模式的内涵

情感教学模式具体指的是教师在教学过程中对认知因素予以充分考虑的同时，借助一定的教学手段，通过激发、调动和满足学生的情感需求来完善教学目标、增强教学效果的教学模式。在该模式中，教师以教学活动为基础，运用一定的教学手段来调动、激发和满足学生的情感需求，从而努力实现认知因素和情感因素的完美统一，以期实现提高教学效果及促进学生全面、和谐发展的目标。

（二）情感教学模式的建构

1.进行正确的归因训练和归因指导

建构情感教学模式时应进行正确的归因训练和归因指导，借此来提升学生的自信心、效能感等。事实上，归因理论是一种相对比较系统的认知动机理论。相关研究表明，成功的归因会引起期望的改变与情感反应，进而对后继的行为产生很好的促进作用。由此可见，归因是有动机机能的。

因此，学生的归因是否正确会在很大程度上对学生的学习情绪产生影响。相关学者还基于这一观点进行了长时间的研究，并得出如下结论：若能为普通英语教师提供足够的训练机会和自学资源，他们便有能力影响并改变学生的归因模式与成就动机。

教师的言行在日常教学中扮演着至关重要的角色，往往成为学生归因模式发展的重要影响因素。因此，这也对教师提出了更高的要求，即教师需要不断更新教学观念，将情感教育融入日常教学中，并深化对情感教育意义在理论层面的理解和把握，从而提升自己的情感修养，以更好地引导学生成长①。

2.创设轻松、愉悦的学习环境

学习环境作为外部因素，对学生的情感发展具有不可忽视的影响。一个优质的学习环境不仅能够使学生的情操得到陶冶，更能极大地激发他们的学习动力和热情，无形中对学生的身心发展产生深远而微妙的影响，特别是在较为轻松且充

---

① 李红霞. 大学英语教学研究［M］. 天津：天津科学技术出版社，2017.

满愉悦感的学习环境中，学生的思维更为敏捷，记忆力也相对增强，这可以使他们进入最佳学习状态。

作为高校英语教师，首先要认识到为学生营造轻松愉悦的学习环境的重要性，而要实现这一点，给予学生最大限度的自由是关键。在这样的环境中，学生能够摆脱束缚，全身心地投入学习中，从而更好地发挥潜力和才能。不仅如此，教师还应为学生创设民主的氛围，在此过程中，教师可充当学生的学习向导和学习伙伴的角色。学生处于这种民主、自由的学习环境中，才会有一种安全感，也才能取得最佳的学习效果。

3.丰富学习材料呈现形式

当前科学技术的发展使多媒体技术的运用普遍化，高校英语教师在教学过程中应充分运用现代科技丰富学习材料的呈现形式。教师可以在课堂上利用幻灯片、音频、视频、实验演示等多种呈现形式激发学生的学习兴趣。教师还可以引导学生利用计算机学习软件自主观看原版英语电影。只有引起学生的兴趣，让学生主动参与到学习过程中来，体验到学习的乐趣之后，才能最大限度地挖掘学生的潜能，发挥学生的创造性。

4.激发学生的学习动机

学生的学习动机会对其学习产生影响。高校公共英语教师在教学时，不能忽视对学生学习动机的培养。激发学生学习动机，关键在于借助其自身的好奇心来激发其求知欲。当前，高校公共英语教师在公共英语教学课堂上运用得最多的激发方式就是创设问题情境。创设问题情境就是在教学内容和学生的求知欲之间设计一种不协调，引导学生进入与问题有关的情境中。教师在创设问题时要保证难度合理，将需要解决的问题蕴含于学生实际要掌握的知识中，在激发学生学习动机的同时，使学生掌握相关学习内容。

四、模块教学模式

模块教学模式是高校公共英语教学发展的重要组成部分。这是一种具有系统性的教学模式，以教学为系统，将其分为知识、技能、拓展三大模块，并在不同的学期中进行有针对性的教学，从而最终提高学生的语言综合应用能力。

（一）模块教学模式的内涵

随着英语教学改革的推进，高校公共英语教学系统发生了重大的改变，高校公共英语教学向着能力化、技能化、多样化、信息化的方向发展。英语模块教学模式就是在这种转变中被提出的，因此其在一定程度上反映了时代发展对高校公共英语教学的要求。模块教学指的是通过一个能力和素质的教育专题，将学科知识分解成若干个相对独立的教学模块，每个模块围绕特定的教育目标和学习内容展开教学。该模式在教法上强调知能一体，在学法上强调知行一致。

模块教学模式主张提高学生的素质和具体技能，教学中通过集中开展理论技能、实践等活动来达成教学目标。高校公共英语模块教学能够丰富英语课程，实现课程的多样化。同时对于学生来说，模块教学通过形式丰富的课程，便于提高学生对英语学习的兴趣，调动其学习的积极性。随着现代科学技术的发展，英语教学课程的固定化越来越难以适应社会发展。采用模块教学，也能在一定程度上使英语教学贴近时代发展，增强人才培养的时代性。

（二）模块教学模式的展开

对新时代背景下的高校公共英语课程教学要求进行分析可以看出，其对英语水平的划分提出了不同的能力要求。在这种多层次的要求下，高校英语很难通过一整套教学实现人才的全方位培养。

英语模块教学模式主张在一定时期内对学生进行阶段性目标的培养。这种观点正好迎合了新时代的教学要求。由于模块教学模式是对整个教学系统的管理，因此其在实施过程中需要教学工作者进行科学设计。高校公共英语模块教学中的模块分类如表 6-1 所示。

表 6-1 高校公共英语模块教学中的模块分类

基本的模块分类	更细致的模块分类
知识模块	语音模块
	词汇模块
	语法模块
技能模块	听说模块
	阅读模块
	写作模块
	翻译模块

（续表）

基本的模块分类	更细致的模块分类
拓展模块	各门外语类选修课
	第二课堂活动

下面以拓展模块为例，对模块教学模式进行分析。拓展模块主要是对学生的能力进行拓展，因此可以开展丰富多样的课程，具体包括的内容如图 6-5 所示。

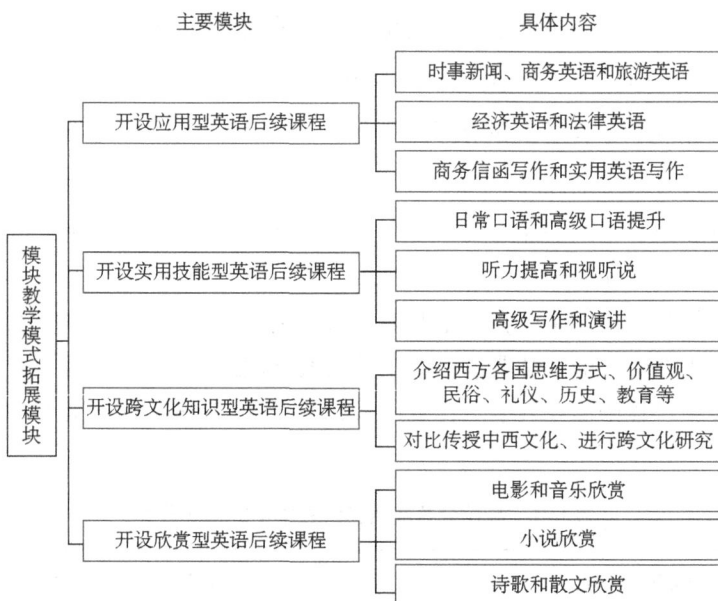

图 6-5　模块教学模式拓展模块的具体内容

上述模块依据学生和社会的需求，以语言实践为目的，有利于提高学生的实际应用英语能力、语言能力和文化修养、专业信息获取能力、语言表达能力，从而使学生适应社会需求。这样的拓展模块设计，细化了学生对高校公共英语教学的需求，在整体上建立和完善了与传统高校公共英语教学体系完全不同的高校公共英语拓展模块体系。

五、分级教学模式

（一）分级教学模式的内涵

分级教学又称为分层教学、差异教学，分级教学模式是指根据学生的实际情况，将不同水平的学生划分为不同的学习层次，按不同阶段进行因材施教，为不同层次的学生安排不同的学习任务，并对其提出不同的学习要求。

（二）分级教学模式的优点

分级教学是我国高校公共英语教学改革的一项重大举措，其施行的优点包括以下三方面。

第一，它有利于贯彻落实《公共英语》课程标准的要求，培养学生实际使用英语进行交际的能力，使他们在涉外交际的日常活动中能进行简单的口头和书面的信息交流，以满足我国经济发展和国际交流的需要。

第二，它能够满足不同层次英语水平学生的求知需要，为他们搭建更好地展示自己英语才华的平台，充分发挥他们各自的优势，使他们顺利完成高校公共英语基础阶段的学习，全面提高他们应用语言的能力。

第三，分级教学从根本上改变了重"教"轻"学"的现象，充分体现了"以学为本"的教学新理念，从而使高校公共英语教学从耗时低效进入省时高效的新时期，标志着我国高校公共英语教学从传统的教学模式向现代教学模式的转变。

（三）分级教学模式不同实施阶段的要求

1.基础阶段

英语学习的基础阶段注重学生语音、词汇、听说的学习。受不同地区差异的影响，进入大学的学生在语音语调、词汇量、英语语言交际方面也存在着较大差异。第一，学生在英语学习过程中，首要学习目标就是对语音的掌握。因此，在分级教学的基础阶段，高校英语教师在进行公共英语教学时应首先对学生的发音进行正确的教导。教师在教学过程中，对于基础薄弱的学生，首先是让其进行模仿发音的练习。在学生学会正确的发音之后，再让其进行英语句子、段落、篇章的朗读，可以以慢速、中速、快速的速度循序渐进地进行。对于英语发音准确、基础较好的学生，可让其直接进行篇章的朗读、背诵。第二，要扩大学生的词汇量。如果学生的词汇量不够，在掌握新词汇时存在难度，教师可在教学时采用切分单词、从词汇来源着手等多种方法进行词汇讲解，由简到繁，由易到难，并结合与实际学习、生活有关的例句，帮助学生扩大词汇量。在扩大词汇量后进行造句练习，再进行句与句之间的衔接练习，最终达到提高交际能力的目的。

2. 巩固阶段

当前一些学生在英语的听力和口语表达方面都存在问题，而听、说能力是学生进行人际交往的基础。因此，巩固阶段的主要任务是进行听说训练。

教师在进行英语听说教学时，可以通过提问的方式让学生与教师进行对话，并将学生分成不同的小组，让学生与学生之间进行提问、回答等对话。教师除按照教材中听力部分的内容让学生进行学习外，还可以在课堂上播放英语歌曲、进行提问、开展游戏等。教师采用多种多样的教学形式，既可活跃课堂教学气氛，提高学生的参与度，还能增强学生的口语表达能力。

3. 提高阶段

在学生的语音、词汇、听说都有了一定的进步之后，主要是培养学生的阅读和写作能力。在进行学生的阅读和写作能力培养时，教师主要引导学生对范文的篇章结构、中心思想等方面进行理解。

学生在进行写作练习时，注意使用的句子要符合规范，正确使用词汇以及语法。在提高阶段的学习中，除注重学生阅读能力和写作能力的培养之外，听、说能力的培养也不能懈怠，只有让他们不断地进行听、说、读、写的训练，才能进一步提高其阅读速度。

4. 升华阶段

升华阶段主要是对学生听、说、读、写、译等各方面能力的综合培养。必须在学生具备相应的词汇基础之后，对其进行听力培养才能取得一定的效果，学生的听力才能从初级向上一级提升，对于教师给出的不同听力材料，他们才能逐步听懂。在具备一定的词汇量后，学生的阅读能力才能得到提升，阅读的速度才能加快，这时，教师才能提高阅读材料的难度。在升华阶段，教师还要让学生尝试进行多种体裁、题材的文章写作。总之，教师要利用多种手段，培养学生的英语综合应用能力，让学生的英语交际能力达到自如的程度。

第三节　基于互联网的高校公共英语教学模式改革的重要性和策略

一、基于互联网的高校公共英语教学模式改革的重要性

随着互联网技术的出现，传统的教学方法和手段得到了革命性的改变，这对

高校公共英语教学模式改革起到了关键作用。借助先进的信息技术和手段，教师能够科学而有效地整合各类资源，为学生创造一个轻松、和谐、愉快的学习环境。在这样的环境中，学生学习英语的积极性会得到充分激发。

首先，基于互联网的高校公共英语教学模式展现了其独特的优势，包括交互性、多媒体性及多样性。这种教学模式能够实现对学生听觉与视觉感官的深度刺激，并依据学生的个性化需求来引导他们针对相关知识进行主动探索、获取和应用。此模式强调将现代化媒体科技与教学紧密结合，通过集成音像、动画、文本等多种元素，为学生构建一个贴近现实的学习环境，使知识以更为形象、生动和具体的方式呈现。这种环境不仅有助于学生更精确、全面地掌握所学内容，还能锻炼他们在实际应用中灵活应用所学知识的能力。

其次，基于互联网的高校公共英语教学模式成功突破了时间和空间的限制。高校英语教师可以依托网络平台实现英语教学资源的共享，全球师生都能够通过网络直接交流、共同探讨。这种教学模式为中国学生提供了与以英语为母语的人进行直接对话的机会，从而使其学习更为纯正地道的英语。

最后，基于互联网的高校公共英语教学模式利用先进的技术手段，将英语学习与娱乐相结合，有效激发和提高了学生的学习兴趣与积极性。同时，该模式还为学生提供了丰富的实践机会，鼓励他们在真实场景中灵活应用所学的英语知识，进而实现知识的活学活用。

二、基于互联网的高校公共英语教学模式改革策略

（一）准确认识和运用翻转课堂教学模式

1.准确认识翻转课堂教学模式

（1）翻转课堂教学模式的内涵

关于翻转课堂，大家对其最朴素的解释就是，将传统的课堂学习和课后作业的顺序进行颠倒，即将知识的吸收从课堂上迁移到课外，知识的内化则从课后转移到课堂，学生课前在网络课程资源和线上互动支持下开展个性化自学，课堂上则在教师引导下通过合作探究、练习巩固、反思总结、自主纠错等方式来实现知识内化。

美国富兰克林学院数学与计算科学专业的罗伯特·塔尔伯特（Robert Talbert）教授设计了最初的翻转课堂实施结构模型，如图6-6所示，他在"线性代数"等很多课程中都应用了翻转课堂实施结构模型并取得了良好的教学效果。

这一模型为后续学者、专家进行教学模式探索提供了基本思路。

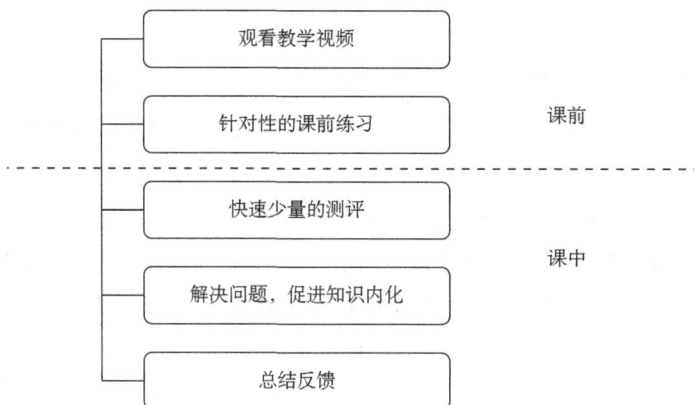

图 6-6　罗伯特·塔尔伯特的翻转课堂实施结构模型

随着教学过程的颠倒，教与学的流程、责任主体、师生角色、课内外任务安排、学习地点和备课方式等方面都发生了明显变化。与传统意义上的课堂教学结构相比，翻转课堂颠覆了人们对课堂模式的思维惯性，改变了学生的学习流程，从新的角度揭示了课堂的新形式、新含义。有人认为，翻转课堂打破了持续几千年的教学结构，颠覆了人们头脑中对课堂的传统性理解，倡导先学后教、以学定教，赋予了学生更多的学习自主性和选择性，强化了师生之间的沟通与交流，实质上是学生学习力解放的一次革命。它也因此被称为传统教学模式的"破坏式创新"，成为信息技术与学习理论深度融合的典范。

在此基础上，部分学者基于信息化背景，对翻转课堂教学模式进行了全新的阐释，即翻转课堂教学模式就是在信息化环境中，教师提供以教学视频为主要形式的学习资源，学生在课前完成资源的观看和学习，师生在课堂上共同完成作业答疑、协作探究和互动交流等活动的一种新型教学模式。

（2）高校公共英语翻转课堂教学模式的特征

第一，在课堂教学结构要素方面，翻转课堂改变了传统课堂中教师大量讲解、学生被动接受的模式，使有效学习成为课堂教学的重心。它对传统课堂教学要素及其内涵进行了解构，通过分析有效学习发生的要素成分，重组教师、学生、教材等各教学结构要素，创新性地变革了传统课堂的教学结构，变学习为显性，变教授知识为隐性，翻转了课堂中教与学的构成与关系。

第二，在课堂教学与课后学习关系方面，翻转课堂可以围绕教学主题，以任务驱动、项目驱动的方式联通线上自主学习与线下实践，使课堂学习与课外学习有机统一。网络教学平台、课堂移动学习 App 等信息化工具与课堂教学相融合，可有效改变课堂教学的组成，建构起全新的课堂教学模式。教师可以利用信息技术实现对学习行为和学习过程的跟踪记录、监督与评价，并以此促进学生学习情境的融入、语言知识的获取、学习策略的发展、语言应用的实践以及学习情感的调节。

第三，在课堂教学外延方面，翻转课堂能够将现代信息技术和英语教学进行充分融合，并将课堂教学无限延伸至课外的移动教学、在线平台教学等空间，使英语学习突破时空限制，使英语学习者能够随时随地、自由灵活地开展学习。

第四，在课堂教学设计方面，翻转课堂通过将语言知识的讲授转移到线上的模式，高度释放了线下课堂教学的时间，并通过主题驱动、任务驱动、项目驱动等方式，全方位创设学习情境，提升课堂的趣味性。对于学生而言，不仅英语学习变得充满乐趣，学习的本质也发生了改变。他们不再把通过考试作为学习的最终归宿，而是把不断完善语言知识系统，增强语言综合应用能力和批判性思维设定为学习的最终目标。翻转课堂为学生英语语言能力的培养创造了丰富的机会，为学习效果的提升建构了有利的条件和环境。

（3）高校公共英语翻转课堂教学模式的意义

翻转课堂教学模式为高校公共英语教学提供了良好的创新方式与创新平台，从本质上体现了英语教学改革的深化，使公共英语教学的困境得以突破，为学生的英语学习提供便利。下面针对高校公共英语翻转课堂教学模式的意义进行具体分析。

在教师方面，高校公共英语翻转课堂教学模式的意义如下。

第一，极大地增加了师生间的交流机会，使教师能够更深入地了解自己的学生。这种交流不仅限于课堂内，还借助网络技术的发展，让远程教学变得更为便捷和高效，从而拓宽了师生交流的渠道。

第二，有利于教师的职业发展。通过观看其他教师制作的微视频，教师可以了解同事以何种方式教授某一概念，这为教师提供了一个相互学习、改进教学方法的窗口。网络的开放性使得"参观"每位教师的课堂成为可能，为教师提供了丰富的学习资源和灵感来源。

第三，改变了教师在课堂中的角色。在传统教学模式中，教师往往是讲台上的权威者；而在翻转课堂中，教师走下讲台，更多地扮演了"教练"的角色，引导学生自主学习、解决问题。教师有更多的机会与学生互动，鼓励他们探索知识，解答他们的疑惑，帮助他们建立自信。

在学生方面，高校公共英语翻转课堂教学模式的意义如下。

第一，能够促使学生的自主意识进一步提升。在翻转课堂教学中，师生之间互动频繁，学生的主观能动性被充分调动，学习的主动权掌握在学生手中。基于翻转课堂教学模式，学生能够以教师提供的资源为依据提前进行自主学习，还可以在课堂上与教师展开学习方面的探讨，推动知识内容进一步深化并使其为学生所掌握，这有效体现了学生的主体地位，而且淡化了学生对教师的依赖。

第二，加深了师生之间、生生之间的互动。翻转课堂改变了传统教学模式中师生之间的相处方式，翻转课堂中，师生之间的交流呈现"一对一"的形式。如果学生对某一知识点存在质疑，那么教师可以将这些学生集中起来，对他们进行特别指导。另外，在翻转课堂中，教师不再是学生知识的唯一来源，学生与学生之间还可以进行互动学习。

第三，能够使反复学习成为可能。在传统的高校公共英语教学中，教师不可能兼顾所有学生的需求和感受，只能按照教学大纲的要求，在授课时按步骤统一开展教学，这就会使个别学生跟不上教师的节奏，无法实现对课堂教学内容的有效掌握。翻转课堂教学可以有效解决这一问题，在翻转课堂中，学生可以随时暂停、重放视频，直到自己看懂、理解为止。

第四，学生有机会向其他教师学习。大部分学生偏爱自己教师录制的教学视频，但是一些学生会发现看其他教师的教学视频后，自己会从另一个角度来理解相关的问题。在实施翻转课堂时，学生除观看自己教师制作的视频外，也可以观看其他教师制作的视频。每个教师有不同的思维方式，对知识解读的方式也不一样，学生或许在观看其他教师的视频时会获得意想不到的收获。

在课堂教学方面，高校公共英语翻转课堂教学模式的意义如下。

第一，使得教学更加直观和简单。在传统的高校公共英语教学中，教师的教学内容主要以教材为主，呈现方式以板书为主，这种教学方式对于学生来说不但不够直观，而且对于相关知识的理解也是不利的。如果仅限于传统的课堂教学模式，根本无法达成对学生英语应用能力的有效培养。翻转课堂通过借助多媒体技术，将相关的图片、音乐、视频等融入教学视频，使得原本晦涩难懂的英语知识变得直观和简单，也使得原本沉闷的课堂教学变得生动活泼。

第二，使教学更具多样性和趣味性。制作翻转课堂的教学视频对教师的专业能力有着很高的要求，要求教师所制作的视频内容简洁、形式多样、幽默丰富等。基于这些要求和特点，翻转课堂使得高校公共英语教学的趣味性得到有效增强,不仅有利于良好学习环境的创设,还能使学生的学习兴趣得到有效激发。此外,很多翻转课堂教学视频涉及的内容十分广泛,包括英语音乐、英文电影、英语小说等,这些内容与课程教学息息相关,使得教学形式更加生动形象、多样化。

在家长方面,翻转课堂的教学模式为家长打开了一扇了解孩子课程学习状况的可视化之窗。在翻转课堂中,家长不但能与孩子共同观看教学微视频,共同学习新知识,更新自身的知识储备,而且这种共同参与的学习方式还能促进家长与孩子之间的情感交流,增进亲子关系。此外,家长可以随时关注孩子的学习进程,见证他们的点滴进步,并更全面地了解孩子在学校的表现等。

综上所述,翻转课堂教学模式在多个层面(包括教师、学生、课堂教学及家长方面)都展现出其优势,有效克服了传统教学模式的某些弊端,为学生提供了更广阔的发展空间和更全面的成长支持。

2.优化翻转课堂教学模式的运用策略

翻转课堂教学模式是对传统课堂的颠覆,因此其教学设计过程当然与传统教学设计过程是不同的。虽然国内外出现了各种各样的翻转课堂教学,但它们都建立在课程资源、教学活动、教学评价和支撑环境这些要素的基础之上,因而翻转课堂教学模式也是基于此进行设计的。

(1)设计英语教学过程

翻转课堂教学模式的教学过程大致可分为四个步骤:合作探究、个性化指导、巩固练习和反馈评价。

①合作探究。

首先,要将学生合理分组。合作学习实际上就是小组学习,在合作学习中组员之间的结构是十分重要的,因此教师在分组时要注意各小组成员在能力水平、知识结构上的多样化。合理分组可以均衡小组成员自身的各项特点,从而有利于他们开展良性的合作与竞争。一般来说,各小组成员应该遵循"组间同质,组内异质"这一原则,保证小组成员具有不同层次的知识水平,增强小组内能力欠佳学生的积极性,从而更好地完成任务。另外,在小组内部,各位成员都有自己的位置,会在不同的任务阶段发挥不同的作用,从而顺利解决问题并完成教师安排的学习任务。

其次,策划和提出学习过程中的问题。小组合作的内容要具有操作性,即设置的问题要能进行讨论。在课堂开始之前,教师应该根据不同的学习内容和任务明确分组的原则，明确规定小组内各个成员的任务以及完成任务的时间。在合作学习中，教师处于引导者的地位，需要为不同的学习小组设置不同的学习任务，使各个小组间能够相互合作、共同学习、共同进步。

最后，注意学习任务的合作应用与过程控制。小组合作学习并不是在任务开始时就要求学生一起完成任务。事实上，在任务刚开始时，教师应该让小组各成员根据任务的要求开展讨论与研究，让他们进行独立思考，这有助于培养他们的思维能力，之后小组成员之间开始就自己思考的结果展开交流，在讨论中各成员发表自己的观点，最终对所有的观点与看法进行汇总后，得到一个令所有成员都满意的结果。当然，小组内还需要一个发言人，这个发言人需要将观点和看法反馈给教师。

②个性化指导。

个性化指导指的是教师为小组成员解答问题。小组成员在合作探究学习的过程中难免会遇到各种各样的问题，教师可以针对这些问题展开具体化、个性化指导，帮助他们扫除学习进程中的障碍。当然，如果各小组遇到的一些问题具有普遍性，那么教师可以集中予以回答。

③巩固练习。

教师为学生进行个性化指导之后，各小组成员对学习任务的结果进行总结和归纳，然后通过一定的练习来加深印象，对学习进程中的重点、难点及时进行巩固。另外，这一阶段需要各个小组之间进行学习与交流，实现经验与知识的共享。

④反馈评价。

在完成合作学习之后，教师还需要对小组合作学习的结果进行评价。对小组合作学习结果的评价主要包含两个方面：一是对学习过程和结果进行评价，二是对小组及小组内成员进行评价。也就是说，教师不但要评价学生的学习过程以及结果，而且要对各小组以及小组内部各位成员的表现进行评价。在对各学习小组进行评价时，教师需要将重心放在整个小组任务的完成情况上，而不是放在某一小组成员的成绩上。同时，教师需要评价小组内成员参与的主动性、积极性，这样既可以为其他小组成员树立榜样，还可以激发小组成员的热情，调动学生学习的积极性，防止学生产生依赖，使其更好地实现合作学习。需要注意的是，教师应尽量给予学生积极向上的评价和鼓励，不要打击、批评他们，从而确保每个小组都能圆满完成学习任务，达成既定目标。

总体而言，高校公共英语翻转课堂教学不仅强化了课前预习效果，还提升了课堂学习效率。对于教师来说，通过课堂活动设计来使学生内化知识是教师的重要任务，也是高校公共英语翻转课堂教学的目的。对此，教师在设计课堂任务时应充分利用情境、写作、会话等要素，引导学生体验知识，实现知识的内化。

（2）设计英语教学活动

在高校公共英语翻转课堂教学模式下，学生需要通过参与一系列深度学习活动发展高阶思维，主要包括情境体验、协商互助和展示分享三项教学活动。

第一，情境体验。情境体验是一种教学活动形式，旨在通过让学习者亲身参与真实任务情境，促进他们更深入地理解和内化知识。情境学习理论指出，知识并非孤立存在，而是与具体情境紧密相连的。学习者在与实际情境的互动中，能够更自然地掌握知识，形成深刻的认知。为了实现这一目标，教师需要结合复杂的任务要求，以多维度的形式展示知识内容。通过利用现代信息技术和丰富的信息资源，教师可以为学生营造一个逼真的学习环境。在这个环境中，教师需要设计富有挑战性和启发性的非良构问题，让学生身临其境地体验知识运用的过程，感受知识的力量和魅力，并深入理解其背后的逻辑和意义，从而在学习任务与学习经验之间产生有意义的联系。

第二，协商互助。协商互助在课内教学中占据核心地位，它通过人际间的深入交流和互动，促使学生主动建构知识的深层意义。在高校公共英语翻转课堂的背景下，课内的教学目标聚焦于引导学生达到英语知识应用、分析、评价和创造的高阶思维层次。这一目标的实现，需要经历一系列复杂的认知活动、技能运用以及思维操作和经验的深度整合，这往往超出了单一学习者的能力范围。因此，学习者需要积极寻找志同道合的伙伴，共同构建学习共同体，并组建拥有多元化认知结构和思维方式的团队小组。在这样的学习环境中，各小组成员能够借助相互间的对话、交流、协商、互助和合作，在群体认知交汇和冲突平衡中激发出新的智慧火花，共同面对并解决学习中的疑难问题。

第三，展示分享。展示分享环节旨在从学生视角出发，深入探究他们对特定问题的观点和见解，这不仅是对学生学习成果的总结与提炼，更是高校公共英语课堂中凸显学生主体地位的关键环节。各小组在实践探索中，通过团队协作和集思广益，在持续的比较、质疑和自我反思中激发出新的智慧火花，最终形成具有创新性和视觉吸引力的创意作品。随后，每个小组会选出代表来展示他们的成果，这一过程增强了整个团队的荣誉感和责任感。此外，在设计和展示小组作品之前，教师扮演着重要角色，需要提供明确的评价标准，引导同学间进行互评，并开展组内和组间评价。

（二）准确认识和运用微课教学模式

1.准确认识微课教学模式

（1）微课的内涵

微课也称微课程，是指有明确目标主题，由教师、学生或者某领域的专家使用录像软件录制的用于传道授业解惑的短视频课程。微课的时长一般为 5～8 分钟，不会超过 10 分钟。微课具有目标明确、主题鲜明等特点，能够将教学过程中的重难点、教学策略、教学组织形式以短视频的形式，清晰地呈现在观看者面前，也便于拍摄者观看，从中发现自己在教学过程中存在的不足之处，督促自己加以改进，不断完善自己的知识与技能。微课的时间短、教学内容少、视频容量小、所需存储空间小，可以通过即时通信软件等多种途径进行传输，也可以通过互联网直接发送到微博、抖音等平台，供他人观看学习。微课制作的过程是学生不断提升自己逻辑思维能力和口语表达水平的过程，也是教师不断完善自己教学技能与业务水平的过程。

（2）微课的特点

微课不仅是一种工具，更是一种教师成长的新范式，其主要特点如下。

第一，目标明确、主题突出。微课主要用于讲解课堂教学中某个英语学科知识点，或是反映课堂上某个教学主题，主要用于学生课前预习、课后复习。与传统课堂上需要完成众多复杂教学目标相比较而言，微课的学习目标更加明确、主题更加突出、内容更加精练。

第二，短小精悍、视频为主。微课的主要资源是视频教学片段。根据学生的认知特点，视频片段一般控制在 10 分钟以内，能够使学生集中注意力学完某一知识点。与传统的 45 分钟课堂相比，微课资源容量较小、短小精悍、时间紧凑。

第三，依托网络、使用方便。微课的视频格式一般为支持网络传输的流媒体格式，学习资源一般以文本、图片为主，便于网络呈现。学生可以利用计算机和各类移动电子设备查阅学习课件并进行学习，实现巩固学习、自主学习的目的，这更好地体现了学生的主体性。

（3）高校公共英语教学中运用微课教学的意义

在高校公共英语教学中运用微课开展教学，有利于创造直观而且优良的教学环境，能让学生将全部精力放在英语学习上，这对于高校公共英语教学而言具有十分重要的意义。具体而言，微课在高校公共英语教学中所发挥的作用体现在以下几个方面。

第一，能够使不同层次的学习需求得到满足。教师在使用微课教学时，会将微视频上传到微信等平台上供学生分享，此时那些在课堂上没有记笔记或者存在理解障碍的学生可以根据需要对视频内容进行反复观看，温习所学内容，进而使所学内容得到加深和巩固。

第二，推动学生自主探究能力的有效培养。培养学生的自主探究能力是高校公共英语教学的重要任务之一，因此在高校公共英语教学中，教师应重视对学生这一能力的培养。有效利用网络和微课教学的优势，可以推动学生自主探究意识和能力显著提高。具体而言，教师在向学生讲解英语课文时，可结合教学中重点内容和课文中出现的不同角色，先让学生观看相关的视频，然后再对他们进行分组，让学生以小组为单位对课文内容进行讨论，并进行创意表演。通过这一过程，学生的积极性被调动，能积极自主地探究学习内容，加深和巩固对课文内容的理解。

第三，创建新型的师生关系。在高校公共英语教学中，教师普遍使用多媒体进行教学，就是以书本内容为核心，以幻灯片的形式进行课文知识的讲解。在微课教学模式下，教师的角色发生了变化，其不仅是传授者，也是解惑者和引导者，教师除了向学生提供学习资源，还会指导学生进行有效学习，使学生不同层次的个性需求得到满足，这有利于改善师生关系，拉近师生之间的距离。

（4）高校公共英语微课的制作原则

一般的课程设计原则主要包括全面性、系统性、层次性、灵活性和启发性等原则，高校公共英语微课的制作在此基础上融入了自身的学科特点。

第一，教学主题具有代表性、典型性。高校公共英语微课选题环节需要遵循两个原则：一是代表性原则，选题时重点考虑学生经常出错的语法点或者经常使用的语法点；二是典型性原则，重点考察选题是否符合学习者的认知水平和学习基础。

第二，教学内容具有完整性与科学性。完整性是指教学环节完整、容量恰当、教案翔实；科学性是指思路清晰、重难点突出、讲解规范正确。

在内容选择上，高校公共英语微课的内容应结合具体教学中的重难点来选择。另外，在各环节的内容编排上，如导入阶段要通过简练而恰当自然的方式唤起学习者对学过内容的记忆，引发思考并激发兴趣。同时，在具体教学过程中，教师要根据不同类型的教学内容来选择讲解形式，如将语音、词汇、语法这种语言要素类的教学置于具体的交际情境里，使得学生进一步强化对它们的理解。

第三，教学设计具有层次性与交际性。在进行教学设计时遵循"精讲多练"

原则，注意操练的层次性，从被动机械型操练逐步过渡到主动输出型操练，给出真实性的交际场景，提供的例句要准确、恰当、足量；在具体的教学实施中，要充分体现教师素养（包括语速适中、教学语言难易度适中、教态自然、有亲和力、着装得体）、信息技术（合理使用信息技术，要虚实结合、动静结合、具象抽象结合，信息技术手段多样）和教学理念（以学习者为中心，注意启发性、引导性）；从取得的教学效果上看，一方面要达成教学目标，另一方面要有趣味性，精彩新颖。

2. 优化微课教学模式的运用策略

（1）合力助推微课资源开发

根据微课应用实践效果分析，微课资源开发与高校公共英语教学中微课的应用密切相关，实现对丰富微课资源的有效把握对于高校微课应用成效而言是关键影响因素之一。所以，高校应注重微课资源开发，并不断地完善与之相匹配的资源。通常，高校可从以下几方面着手。

①推动微课资源共享平台的构建。微课资源在总量上较为丰富，各高校因教育发展方向和专业安排等有所区别，所以其所具备的微课资源也有一定差异。在此认识基础上，高校可积极推动微课资源共享平台的构建，并借助该平台实现各高校之间微课资源共享。高校在这一过程中要先有计划地划分与整理其所拥有的微课资源，然后再结合学校发展方向与教学特色明确现阶段微课资源存在的不足之处，最后考虑到微课资源共享平台建设应基于当前已掌握的信息技术水平。为了实现对完善的微课资源共享平台的构建，高校也需掌握先进信息技术。另外，高校还要将收集到的各类高校所需的微课资源有机地整合起来，形成一个完整的体系。当然，在高校推动微课资源共享平台构建的过程中，政府和教育部门的扶持也起着十分关键的作用，高校应积极争取政府和教育部门的各种支持，如资金支持、设备支持等，为建立完整的微课资源共享平台打下技术基础。

②积极开发微课新资源。伴随着教学理念以及现代化教学技术的进步，高校微课的适用范围也会越来越广。然而，目前我国大多数高校并没有充分意识到这一点，它们只是单纯地在传统教学方式之中融入了一定的信息技术，而忽略了微课资源的重要性，所以高校也应积极推动微课资源的开发。

首先，专业知识是微课资源发展的前提与必备条件，高校应进一步引进具备微课资源开发知识的优秀人才，促使学校微课开发资源的实力进一步增强。

其次，高校应该站在学生与教师的角度，主动搜集教师与学生对于微课资源开发的要求与意见，并根据意见推动微课资源开发工作的开展。

最后，高校也可吸取其他高校有价值的经验并结合本校目前的办学规模和发展环境，全方位考虑上述所有因素来制订微课资源开发方案。

③大力推动微课应用相关配套资源的完善健全。微课应用相关配套资源主要有硬件资源与软件资源两大类别，高校可从这两方面着手进行必要的改进。在微课应用硬件资源方面，高校可增加资金投入并购置足量的微课教学辅助设备，如用于拍摄的高清摄像机、用于课堂教学的投影仪。当然，考虑到这些硬件设备花费较多，高校也可向政府以及教育部门求助，让其帮助院校获得充足的资金来实现对相关设备的采买。就微课应用软件资源而言，高校应进一步重视各学科教师培训，提高教师在日常教学中对于微课教学模式的重视程度，促进教师的微课运用能力进一步增强。这样高校微课应用相关配套资源的水平也会有较大程度的提升。

（2）更新知识，提高教学能力

将微课教学资源运用到教学当中，一方面可以充实教师授课内容，提高教师课堂讲授能力，以及提升课堂教学知识量；另一方面还需要教师坚持学习和研究微课模式，提升信息技术操作与运用能力，更好地发挥微课资源在课堂教学当中的运用成效与功能。此外，高校应强化教师对信息技术运用的认识，增强其运用微课资源开展教学的相关技能。同时，高校要重视微课资源的开发和利用，使之成为提升教学质量的有力工具，达到学生自主学习且培养其创新思维和实践创新能力的目的；还要注重对微课资源的评价，为后续课程改革提供参考依据。

高校要对传统教学方式进行改进，推动微课资源有效运用于教学，从而促使教学效果进一步增强，有效提升教师运用教育技术的能力，推动高校教育信息化专业团队的建设。除此之外，高校也可通过微课知识考核系统的建设，更好地呈现出教师微课教学知识掌握情况和绩效考核之间的直接联系。这样教师就会更注重知识更新，跟随教学动态不断更新微课知识。

（3）优化微课使用环境

微课使用环境对于微课的运用也有着十分重要的影响，好的使用环境有利于微课使用率的提升，有利于有效激发高校师生对于微课的学习兴趣。在此基础上，高校有必要对微课使用环境不断进行优化，为教师和学生营造适宜微课生存和发展的教学氛围。在这一过程中，高校可引入先进的微课教学设备对微课应用提供硬件支撑。

此外，高校可加大教师培训力度，在教职工大会及其他会议中强调微课应用对学校发展具有重要意义，激励教师主动投入微课学习中，促使微课应用软实力进一步增强。同时，高校还要注重对师生的引导，让他们认识到微课教学的优势所在。高校还应该加大对微课的宣传力度。当然，要想将学校微课教学力量发挥到极致，高校也可招聘创新型人才，给微课应用带来新的生机与活力。

（三）准确认识和运用慕课教学模式

1. 准确认识慕课教学模式

（1）慕课的内涵

慕课是大型开放式网络课程（Massive Open Online Courses，MOOC）的简称，它是由个人或团队制作的，以传播知识和技能为目的的在线课程。慕课因其学习资源丰富，涉及各类学科与专业，而且大部分是免费的，所以在教育领域发挥了举足轻重的作用，是学生学习英语的一个重要途径。慕课上的很多学习资源是由名师打造的，专业性强、可信度高、形式新颖，受到教师和学生的普遍喜爱。它由专门人员上传至网络，所有人都可以根据自己的需求进行相应选择。

在高校公共英语教育领域，慕课给学生创造了良好的语言使用环境，使学生犹如身临其境一般，体会英语语句的正确使用方法，学会在什么样的情境使用什么样的语句，从而提升学生的英语口语能力。教师的知识储备容量是有限的，在传统的由教师讲授的模式下，学生学到的知识自然也是有限的，但慕课中存储的知识却十分广泛，这有利于扩大学生的知识面，使其学到更多的英语知识、英语学习方法。除此之外，慕课还给不同水平的学生量身定做学习方案，有利于加强学生的自主学习能力。

（2）慕课应用于高校公共英语教学的优势

第一，丰富高校英语教学资源。慕课作为一种大规模、开放性的在线课程平台，为高校和教师提供了丰富的教学资源发布和获取渠道。教师能够便捷地进入慕课平台，获取广泛的教学素材，从而更高效地完成教学课件的制作；对于学生而言，慕课平台允许他们根据自身的英语水平，自由检索所需的学习资源，以完成系统的学习任务，并且享受到来自专业教师的个性化辅导。

第二，激发学生的英语学习兴趣。慕课无疑为传统高校英语教学带来了划时代的变革。学生能够借助慕课平台自主搜索各类丰富的教学资源，从而进行个性化的自主学习。在这个过程中，学生成为教学的主体，他们可以根据自己的节奏和需求进行学习，充分体现了学生在学习过程中的主导地位。另外，慕课平台不仅资源丰富，还配备了先进的智能算法，这些算法能够精准地评价学生的学习情况，并根据评价结果为学生推荐最适合他们的学习资源。这种教学方式不仅让学生感到学习更加轻松，还极大地激发了他们参与公共英语教学的主动性与积极性。

第三，提高师生互动性。借助慕课平台的高校公共英语教学不仅实现了即时的人机互动，还加强了课前、课中、课后的师生互动。学生在慕课平台进行学习时，可以充分利用平台的交流、群组等功能向教师咨询问题。同样，教师也可根据学生的学习成果提供针对性的学习建议和指导，有效促进师生之间的沟通和交流。

2. 优化慕课教学模式的运用策略

高校公共英语教学运用慕课教学模式时，应注意以下几个方面的内容。

（1）课程设置体现多样性

就师资力量来说，传统的英语教师资源非常有限，所讲授的课程针对性也不强。就教学材料来说，当前大多数高校使用的教材品种相对单一。就课程设置来说，虽然各大高校都设置了选修课，但是这些选修课大多是为英语四、六级考试设置的。就目前的高校公共英语教学而言，慕课改变了传统英语教学模式单一的状况。时代的发展促使英语选修课程的指导思想向分类指导、因材施教的方向发展，而网络的发展能够为英语选修课程提供不同层面的支持。通过网络，教师可以利用大数据技术分析学生的偏好，获得学生的需求数据，从而调整相应的课程内容，来满足学生的需要。基于此，在信息化时代下采用慕课教学模式可以有效吸引学生的注意力，激发学生学习英语的兴趣，使学生根据自己的需要和兴趣来选择课程，从而使其提高英语学习的效率。

（2）上课方式多样化

高校公共英语教学改革的不断推进使得现在的教学形式不再像以前那么单一，但是仍旧以教师的教授为主。在信息技术普及的今天，实施慕课教学要求上课方式多元化，学生可以围坐在台式计算机前学习，也可以每人手拿平板计算机学习。

（3）考核方式多样化

在高校公共英语教学中运用慕课教学模式要注意考核方式的多样化。如果仅仅依靠传统的笔试或者论文写作，就会难以测试出学生的实际水平。在慕课教学模式下，考核方式的多样化主要涉及两点：一是探索个性化考核方式，即根据不同层次的考生设置不同的测试题目；二是探索开放性的考试方式。总而言之，无论是个性化考核方式还是开放性的考核方式，其目的都是激发和提高学生的学习兴趣和学习积极性。

（4）开设论坛交流，落实双向互动

慕课平台上论坛的创建将教学者和学习者、学习者和学习者紧密连接起来。论坛即学习者发布问题、其他学习者或教学者回答问题的平台，是教学者、学习者进一步互动交流的主要线上场所。留言评论是私密的，是教学者和学习者的单向互动；而论坛是开放的，可以全员参与。论坛的讨论话题可以是针对课程的一般性讨论，包括课程内容和技术反馈，也可以是针对学科的专业性讨论，话题不受局限。学生在论坛中发布一条非常有共性的有关语言学习的想法或感受，会很快引发热议，受到关注。论坛是学习者在完成某个或某些章节的学习后有感而发的平台，也是学习者有困惑、希望被广泛关注从而得到集思广益的智慧性答复或解决方案的平台，故而学习者会经过深思熟虑后上传发言，所提出的问题也更具价值。

语言学习是一个社会性学习，过程漫长而艰辛，甚至会成为终身学习。学习者在学习中会遇到各种各样的问题，包括语法、语用、背景知识、习惯用语等。由于语言学习具有时间碎片化、方式自由灵活、资料多样性、过程跨度大等特点，所以教师是不可能全程跟踪指导的，这决定了学习者需要更多地发挥主观能动性解决学习上的困难。就这个角度而言，论坛的存在就很有意义，论坛的用户相当于一个兴趣小组的成员，有着相似的学习目标和诉求，把自己在学习中的问题上传到网上，论坛的成员可以各抒己见、集思广益，最终推出最优质的答案。在线课程中开设的论坛是线上公开交流场所，对所有该课程的报名者开放。在课程学习中，学习者发布不能独自解决的问题或困惑后，其他课程学习者都可以畅所欲言、尝试解答。这个过程无异于一个自发学习、独立思考的过程。因为无论是问题的答复者，还是保持沉默的浏览者，都会尝试使用自己的储备经验来系统分析、编辑或验证答案。这个过程无形中培养了学生积极自主解决问题的能力和自主学习的竞争意识，给学生的学习注入了协同进步的元素，提升了学习的效率。

（5）教师积极发挥作用

在慕课教学模式中，教师仍旧扮演着重要角色。首先，教师应该积极探索能够激发学生主动性和积极性的慕课课件。其次，教师需要对学生的基本情况有一个清晰的了解，保证慕课课件能够被大多数学生理解和把握。最后，教师需要了解不同学生的自主学习能力，锻炼学生的心理素质，使他们尽快适应新兴的教学模式。

总体而言，信息技术的发展、网络多媒体的广泛运用推动了新的教学模式的产生和发展。在高校公共英语教学中，教师应紧跟时代发展的步伐，更新教学理念，根据教学及学生的具体情况，合理并充分利用翻转课堂、微课、慕课等新型的教学模式，从而提高英语教学的效率，提升学生的英语综合应用能力，促进高校公共英语教学的发展。

（四）准确认识和运用混合式教学模式

1. 准确认识混合式教学模式

（1）混合式教学模式的内涵

混合式教学模式是信息技术与高等教育深度融合的产物，既有线上教学的便利性、灵活性、个体性、低成本性等优势，也兼具线下教学的互动性、高效性、多向性等特征。一般来说，混合式教学模式不仅包括线上授课与线下教学的混合及不同学习媒介、学习软件等教学技术的混合，还包括多种教学理论和教学方法的混合。在信息化与智能化蓬勃发展的时代，混合式教学模式依托于教师的有效引导，结合多媒体技术、大数据、人工智能等现代信息技术与传统线下教学的手段，逐步将学生引向自主学习发展的道路①。

（2）混合式教学模式的基本特征

第一，混合式教学模式依托信息化技术，在教与学双向互动的过程中对信息和知识进行传递。同时，在传递的过程中，教师会选择合适的时间、对象，并使用适当的教学方法来优化教学，从而有效提升学习者的学习质量和成效。

第二，混合式教学模式不是在线学习与课堂面对面学习的简单混合，而是在教学过程中对教学理论、教学模式、教学活动、学习主体、课堂学习环境、在线学习环境、教学媒介、教学材料、教学资源和学生支持服务等进行合理的筛选和科学的组合。

第三，混合式教学模式作为一种教学理念和教学策略，包含了多层次的教学理论、多元化的教学方法、多维度的学习目标和多样化的学习环境，这些教学理念和策略能够有效实现教师与学生、学生与学生、学生与机器之间的良性互动。

总的来讲，混合式教学模式有效整合了在线环境的灵活性、以学生为中心的理念及传统教学中的交互优势，为学生创建了一个有利、有效的学习环境。

（3）混合式教学模式在高校公共英语教学中应用的优势

实施混合式教学模式，不但有助于当前高校公共英语课程的进一步完善，而且对推动公共英语课程教学方法的升级以及提升教师自身教学能力具有深远的意义。

---

① 张倩，马秀鹏. 后疫情时期高校混合式教学模式的构建与建议［J］. 江苏高教，2021（2）：93-97.

第一，混合式教学模式对提高公共英语课堂教学效率具有显著作用。在此模式下，教师可以精准地从丰富的教学资源中选择适合的技术工具，用以教授和深化学生对特定内容的理解，并实现技术与教学内容的有效整合。课前，教师可利用教学平台将精心准备的教学课件、教学视频、在线考试和在线作业等资源上传至网络教学平台，学生需提前预习并按时完成这些任务，为课堂学习做好充分准备。在线下课堂中，教师会针对课程的重点和难点进行详细讲解，确保学生真正掌握核心知识。课后，教师会及时评价学生的学习效果，回答学生的疑问，帮助他们进一步巩固和深化所学知识，并完成课后总结。此外，教师鼓励学生提供课后反馈，收集学生的意见和建议，不断完善和优化教学资源。同时，教师也会在课后对教学效果进行评价，以便持续提高公共英语课堂教学效率。

第二，应用混合式教学模式，可以突破传统教学的局限，并点燃学生的学习热情。在此模式下，教师应持续精进自己的专业能力，保持知识库的更新与扩充。在教学中，教师应更多地采用案例分析的方式，让学生积极参与案例讨论与分析，这样不仅可以丰富教学内容，还能显著增加师生互动的机会。此外，引入线上线下结合的教学方式，可以让学生更加便捷地获取丰富的英语教学资源，进而激发其学习兴趣。

2. 优化混合式教学模式的运用策略

（1）构建混合式师生关系，发展双边互动的混合式教学方式

在混合式教学模式下，师生之间的关系已发生了很大的变化。学生可以通过网络平台进行自主学习，丰富自己的知识，从不同的渠道发掘英语学习资源，拓展自己的知识面，主动地展开学习活动。相比于传统的灌输式的教学方式，这种自主性学习通常具有更好的学习效果，也更有利于学生的个性化发展。在这一过程中，教师越来越多地承担着引导学生进行学习与合作、调动学生的研究兴趣与学习自主性的作用。

首先，教师应当掌握网络课程的制作技巧，利用网络来传递学习资料，并学会使用互联网进行一系列的教学活动，如答疑解惑、批改作业、学生评价等。其次，教师需要不断地学习计算机知识，强化其应用计算机的技能，利用计算机技术的特有优势优化公共英语教学活动。再次，教师要在设计课程时多与其他英语教师进行交流和探讨，使教学计划与网络体系中的高校公共英语课程内容保持同步。最后，教师还应当不断尝试新的教学方法和教学理论，以对其旧有的方式进行调整和完善，使教学手段更加丰富。

　　混合式教学模式的引入打破了高校传统单一的线下教学框架，赋予了学生更多的自主选择权，从而更有效地凸显了学生的主体地位。在这种模式下，课堂不再仅仅是教师传授知识的场所，而转变为一个让学生能够主动思考、积极参与和深入探讨的平台。

　　一方面，混合式教学模式应为学生开拓更广阔的学习天地，鼓励师生之间进行深入合作、真诚交流和思想碰撞，从而使课堂成为智慧与观点交织的舞台，让每个学生都有机会展示自己的见解和创意。

　　另一方面，在混合式教学模式中，教师的角色必须超越传统框架，打破束缚。该模式强调要发展一种以学生为核心、教师为引导的双边互动模式。教师要摒弃单调的照本宣科，更多地以启发者和引导者的身份，引导学生深入理解概念，鼓励他们针对教学内容进行深入的探索和研究。

　　同时，教师应充分利用"线上＋线下"教学模式的便捷性，使学生能够迅速、方便地收集和研究资料，从而构建师生共同进步的知识体系。这种教学模式有助于形成一种教学相长的良性循环，使学生在参与中不断进步，教师在实践中不断适应和更新教学方法。因此，教师应积极适应不断变化的教学方式，并有效地将其应用于教学实践中，不断调整和优化自己的教学方式。

　　（2）建设信息化、智能化的混合式教学设施

　　在混合式教学的线上教学中，网络技术的支持十分关键。计算机和互联网技术在教学中的应用能够更有效地推动学生的个性化学习，激发其创新精神。混合式教学课堂应当实现传统教学和计算机、互联网技术的有机结合，这样不但能为教师对学生的指导提供空间，而且能充分利用计算机和互联网在教学中的独特作用。因此，国家的网络信息技术部门与教育部门需依据师生需求，对软硬件设施进行精准的调整和优化，确保在线教学能在高校公共英语课堂中得到广泛而顺利的推广。

　　随着网络信息化技术的飞速进步，混合式教学对课程资源开发的要求日益提升。因此，各大高校必须加大投入，促使信息化、智能化教学设施建设得更加完善，从而完成完善、及时、多样的网络教学资源库的有效构建。针对部分教师在使用教学工具时遇到的困难，高校应组织专题培训，提升教师的技术应用能力。同时，高校还需加强校园网的建设，确保网络稳定、高效，以满足学生在线学习的基本需求。

　　（3）筛选丰富而规范的混合式教学内容

　　混合式教学模式下的教学内容不应局限于传统的书本内容，教师可以根据学

147

生的兴趣及对过往内容教学效果的研究，将教学内容从书本知识扩展到社会中的热点内容，从专业性知识扩展到包含思想政治、文化通识、文学鉴赏等多维度的内容。

如今，智能信息技术正极大地改变着高校教师获取信息的方式，网络中的英语资源包罗万象，但是，与学生日常生活联系紧密的信息更能够激发学生的学习兴趣。因此，在这样一个信息化时代，高校公共英语教育面临着教学资源选择的问题，互联网上多种渠道所提供的信息数量已经远远超过学生可以接受的数量，教师需要选择那些可以真正为学生所吸收的、同时又能很好地与自己的教学进度相匹配的英语学习资料，确保信息的真实性与实用性，主动筛选符合规范要求的教学内容，教会学生提高信息鉴别能力的方法。

（4）构建多层次、开放性的混合式教学评价体系

在混合式教学模式下，每个学生所选择的学习内容、学习方法、学习过程都不尽相同。基于此，教师的教学评价应更注重考查学生在英语课程学习中各个阶段的多层次表现，其考查不限于论文写作或期中考试。教师不仅要考量学生能够完成什么和能够动手解决什么问题，还应该注意学生在各个学习环节前后的状态比较，注重学生个性化的差异。例如，在线上英语教学中，面对那些英语基础较为薄弱、知识点掌握不牢固的学生，教师需要根据其薄弱环节进行巩固式教学；而对于那些基础较好的学生，则需要更多地采用具有拓展性与延伸性的教学方式。

在线下英语课程的讲授当中，教师可以对学生进行分组，安排不同类型的讨论与作业。除此之外，在混合式教学模式下，教师还可以最大程度地细化学生类别，并对不同类别的学生采取不同的教学手段、制定不同的评价体系、重构线上与线下平时成绩的比例等。与传统的线下教学相比，混合式教学强调的是自主学习与小组合作式学习，因此对混合式学习的评价，应重视学生的自我评价与同伴评价，体现评价的全面性、开放性和差异性。

总的来说，混合式英语教学模式应当具有综合的评价体系，采取多样化的评价方式，如教师可以通过教学软件列出教学过程中的各个环节，用来及时评价各个教学活动。此外，为了更加方便地展开评价和反馈，教师还需要及时调整教学手段，对学生的学习状况进行跟踪、了解。与此同时，对于学生的评价，不应当由教师全盘负责，而要给学生进行自我评价和学生之间互相评价的机会。这样不但有利于学生加强自我认识，使他们在学习中更加主动，而且能够促进学生之间的交流。

在当今的时代背景下，计算机和网络技术取得了极大的发展成果，将这些信息技术应用于高校公共英语教学，有利于教学手段的革新和教学方式的进步。因此，混合式教学在综合利用多种教学理论、技术和手段来展开教学活动时，应当注重网络技术在教学中的应用，将传统的课堂教学与数字化的教学手段充分结合起来，利用网络课堂所具有的交互性强、灵活度高等优势，建构起基于网络平台的评价体系。如此一来，混合式教学模式不仅可以整合传统课堂教学与网络教学的优势，使新的技术手段和以往经验在课堂中的效用最大化，进一步提高高校公共英语教学的质量，也可以使教学活动变得更加高效。

（五）准确认识和运用多模态互动教学模式

1. 准确认识多模态互动教学模式

（1）多模态互动教学模式的内涵

20 世纪 90 年代，西方学者以语言学习的特点为出发点提出了多模态话语理论。这一理论指出，语言属于一种社会符号，音乐、绘画等非语言符号对语言意义的生成起着重要的影响作用。各种语言符号与非语言符号模态之间既是相互影响的，又是相互独立的，二者共同生成语言意义。根据多模态语言理论，语言的输入、输出会受到多种符号模态的影响，因此在高校公共英语教学中，教师可以将多种符号模态融合起来，结合音乐、图像等形式，对英语课堂进行丰富，促使学生学习的主动性与积极性得以调动，从而交互式地完成英语语言学习，达到对英语语言充分记忆以及恰当应用的目的。

在大数据驱动下，教师采用多模态互动教学模式，可以在网络多媒体等手段充分运用的基础上，推动各种语言学习情境的创设，让学生真正体会到语言学习的乐趣，多渠道地激发学生的听觉、视觉等感官，为学生提供沉浸式的环境，促使学生自身的语言技能不断提升。

多模态互动教学模式强调采用多种手段，具体来说是运用网络多媒体技术，开展角色扮演、图片展示等多种互动方式，使学生学习的积极性得到充分调动，同时将听、说、读、写、译各项技能结合起来，激发他们学习的兴趣，对旧知识进行巩固，对新知识进行拓展。

（2）高校公共英语多模态互动教学模式的意义

在高校公共英语文化教学中，网络技术与大数据技术的作用日益凸显，可以说这些技术促使教育理念与方式发生了改变。在大数据背景下，高校公共英语教学应该充分利用网络与多媒体技术，将多种符号模态如图像、声音等融入教学之中，利用多种符号模态有效激发学生的各种感官，使学生的学习积极性得以调动。

高校公共英语作为多学科体系中不可或缺的一门公共基础课程，对于大多数学生而言，传统的英语课堂教学方式往往显得单调乏味，难以激发他们的学习兴趣，学习效果也不尽如人意。然而，随着网络与大数据技术的迅猛发展，这一教学状况得到了有效的改善。通过整合音频、视频等丰富多样的教学资源，高校公共英语教学得以突破传统模式的束缚，强调运用多模态互动教学模式，为课堂注入了新的活力与生机。这不仅提升了学生的学习体验，还极大地增强了他们的学习自信心与动力，使得公共英语的学习变得更加高效而有趣。

此外，借助多模态互动教学模式与网络的融合，教师可以高效利用大数据资源，为学生打造一个沉浸式的学习平台。在这个平台上，学生能够充分调动各种感官，自主而愉悦地提升语言能力。

对于教师来说，网络已经不仅仅是信息传播的媒介，更是他们教学的重要助手。充分利用网络及多模态互动教学模式，无疑将为高校公共英语教学带来巨大的变革和推动力。

（3）高校公共英语多模态互动教学的基本原则

①客体适配原则。在高校公共英语教学中，教师和学生分别占据着教授与学习的核心地位，而支撑他们教学活动的客体则包括多媒体、教材等工具。为了实现更高效的教学和学习，必须强调客体适配的重要性。这指的是根据多模态互动教学的需求，提前选择和准备相关的教学材料工具，以支持教学活动的顺利进行。例如，在听力课堂上，教师会预先下载适合的听力材料，并运用多媒体设备播放，使学生能够在真实的语境中锻炼听力技能；而在阅读课堂上，教师会推荐一些阅读性强、内容丰富的英文著作，引导学生深入阅读。

此外，对于日常的教材讲解，教师在备课时会精心制作多模态幻灯片。他们从教材内容出发，针对其中的重难点知识，利用动画、图片等多媒体元素在幻灯片上进行展示，这能够将教材这一客体的适配性发挥出来，并能够使学生的学习积极性得以激发，推动教师教学质量和效率进一步提高。

②主体适配原则。在探讨教学与学习的互动关系时，人们通常认为教师与学生是教学和学习活动中的重要主体。

从教学的角度来看，教师在整合多模态互动教学资源时，应适时调整自己的角色和立场，尽可能以学生的视角为出发点，精心挑选与之匹配的多模态符号内容。例如，在选择动画、图片等材料时，教师应当考虑当代大学生的兴趣点、认知特点等，以确保这些教学资源能够激发学生的学习积极性，使课堂变得更具吸引力和活力，进而有助于教师更好地开展教学工作。

从学习的角度来看，学生在接收幻灯片等多媒体教学资源中的多模态符号后，应主动激活自己的感官系统。例如，当教师利用幻灯片播放听力材料时，学生应集中注意力，积极运用听觉感官；而当幻灯片展示图片或其他视觉内容时，学生则应调动视觉感官进行仔细观察。

总的来说，坚持主体适配原则对于构建有效的多模态互动教学模式及增进师生之间的默契度具有积极的推动作用。

③阶段适配原则。英语学习本质上是一个逐步深入、层层递进的过程，不同阶段的学生在水平和理解能力上必然存在差异。为了确保多模态互动教学模式能够有效发挥其优势，教师在实施这一策略时，应当坚持阶段适配原则。这意味着教师应根据学生的实际情况，灵活调整模态组合的形式与教学模式。以英语听力教学为例，听力是大学英语四、六级考试的重要部分，也是学生英语综合素养培养的关键一环。在运用多模态互动教学模式进行听力教学时，在第一阶段，教师需要基于学生的现有水平，精心挑选合适的听力材料。材料的难度要适中，既不能过于复杂而使学生难以理解，也不能过于简单而缺乏挑战性。同时，教师还需要对所选听力材料进行细致的检查，确保材料中的信息完整、准确，语速快慢适中，问题的设置合理且与听力内容紧密相关。第二阶段是在听音时，教师要时刻对学生的注意力情况进行观察，如是否出现眉头紧锁等情况，这样有助于教师对难度加以判断。第三阶段是对听力材料进行讲解。这一教学模式实现了音频模态、口语模态、文字模态的多方组合。

2. 优化多模态互动教学模式的运用策略

作为一种新型教学模式，高校公共英语多模态互动教学模式充满着活力，在大数据背景下必将日趋完善。下面具体分析高校公共英语多模态互动教学模式的运用策略。

（1）充分利用多媒体资源

在高校公共英语教学中融入多媒体技术，是高校公共英语教学的一项重要变革。多模态互动教学模式强调将学生的各个感官调动起来，从而推动英语学习目标的实现。多媒体课件正是能够将文本、图片、音频、视频等结合起来的资源，教师如果想要制作一个多媒体课件，需要精心准备，并从不同的教学内容与任务出发，对各种资料进行搜集、整理与设计，制作出符合学生真实情况的多媒体课件。

（2）建设多模态化英语网络空间

随着网络技术与大数据技术的飞速发展，"信息高速公路""论坛""校园网"等网络实用形式已变得丰富多样，并深入人们的生活之中，这标志着网络时代和大数据时代的全面来临。在这样的背景下，众多高校已经开始积极构建自身的网络空间，以应对新时代的教学需求。网络空间教学，简而言之，就是师生共同利用网络平台，推动彼此之间的交互活动。师生可以在这些网络平台上创建经过实名认证的个性化空间页面，进而在这个平台上进行知识学习、资源共享，以及深入的互动交流。

实施英语网络空间教学后，师生之间的互动不再受时空的束缚，他们可以在论坛、即时问答等多个项目中展开高效交流。这种互动不仅有助于教师更深入地了解学生，还能促进师生关系的和谐融洽。在网络空间的辅助下，教师可以便捷地完成批改学生作业的工作，而学生也能在特定时限内选择任意时间提交作业，实现作业的即时提交与快速反馈。这种方式不仅节省了纸张资源，更为师生提供了一个互动频繁、反馈及时的平台，有效提升了教学效果和学习效率。

网络空间平台最大作用的有效发挥，关键在于学生的积极参与。学生需要主动登录平台，完成各类作业、撰写学习心得，并乐于分享自己的学习音频、视频等资料，这样才能真正凸显学生在学习中的主体地位。在网络空间平台上，学生可以通过多感官的参与，充分激发自己的英语学习兴趣，从而实现有效的学习目标。这一过程也充分展现了多模态互动教学模式的实践价值。

第七章　互联网背景下高校公共英语教学评价的改革

在高校公共英语教学中，教学评价发挥着重要的作用。科学合理的教学评价制度有助于学生学习能力的提升和教师教学目标的达成。互联网背景下，在一些高校公共英语教学的过程中，传统的评价模式已经不能满足现今高校公共英语教学的要求。本章围绕高校公共英语教学评价概述、互联网背景下高校公共英语教学评价的原则、互联网背景下高校公共英语教学评价的方法等内容展开研究。

第一节　高校公共英语教学评价概述

一、教学评价

很多人一提到评价，就将其与测试等同起来，其实两者有着一定的区别与联系。简单来说，测试为评价提供依据，评价是对教与学效果的整体评定。

两者有着紧密的联系，测试充当评价的支撑信息。另外，两者又存在明显的区别，具体表现为以下三个层面。

一是两者的目标不同。就某一程度来看，测试主要是为了满足家长、学校的需要，因为他们需要了解自己的孩子或学生的情况。测试为家长、学校提供了很多信息，也是家长、学校关心的事情。评价有助于行政部门制定政策，对教学进行合理配置。由此可见，两者的作用不同，开展的范围与采用的方式也有明显的不同。

二是两者的数据信息不同。测试所收集的数据一般是学生的试卷信息，反映的也是学生的语言水平。从学生的语言应用能力来说，有些部分是无法用测试来评判的。评价所依据的信息多为问卷、访谈、测试等，是定量分析与定性分析的结合，是一种综合性评定。

三是两者的展示方式不同。测试的展示方式一般是考试，最终结果也通过分数排序来展现。相比之下，评价通常是以鉴定描述或等级划分的方式进行展现的。

二、高校公共英语教学评价

评价在人们的社会活动中广泛存在。就高校公共英语的教与学而言，评价指的是学生是否习得某项能力，教师的教学和学生的学习能否帮助学生实现既定目标的一种判断手段。

（一）高校公共英语教学评价的目的

教学评价可以达到两个目的：一是为学生个人提供有益的反馈；二是为社会和学生所在的学校提供有用的资料。根据我国高校公共英语教学的实际情况，具体来说，高校公共英语教学评价的目的是检验英语教学效果、诊断英语教学问题、提供反馈信息、引导英语教学方向和调控英语教学进程。

高校公共英语教学评价最重要的职能就是测量和评定教学效果。英语教师的教和学生的学都需要通过英语教学评价来验证。教师可以了解自己的教学目标是否达成，教学方法、手段运用是否得当，教学的重点、难点是否讲清，学生学习的状况怎样、存在什么问题，从而发现学生学习困难的原因；学生可以了解自己学习水平的高低。学生的学习方向、重点及学习时间的分配，都受评价内容和评价标准的影响。教师在以上环节的基础上，调控教学进程，如调整教学方向、目标，改变教学速度、节奏，更换教学方法、策略，调整教学内容、教学环境，等等。

（二）高校公共英语教学评价的功能

高校公共英语教学评价能够不断促进学生在学习过程中成功与进步，从而使学生能够真正地认识自我，促进他们综合能力的发展。除此之外，高校公共英语教学评价能够为教师提供反馈信息，从而使其不断改进自己的教学情况，提升自身的教学水平。总体来讲，高校公共英语教学评价具有以下功能。

1.导向与促进

高校公共英语教学评价应该有助于实现英语教学目标。高校公共英语教学评价不仅需要评价学生对知识的掌握情况，还需要评价学生的学习态度、发展潜能等，只有通过综合性评价，学生才能在英语学习中保证积极的态度，从而形成有效的学习策略，并且具备跨文化的意识。高校公共英语教学评价应该为英语教学目标服务，这样就要求学生应该从目标出发，制订自己的学习计划，并不断检验自己的学习方法与学习成果，这样才能充分挖掘自身的潜力，提升自身的学习效率。所以，高校公共英语教学评价对于学生而言具有积极的导向作用。

高校公共英语教学评价不仅关注学生在日常学习中的表现，细致分析他们学习中所取得的成绩，还深入考量学生在学习过程中的情感投入与态度。这样的评价机制旨在为学生提供一种正向的激励，帮助他们更好地管理自己的学习进程，使他们逐步建立起自信心和成就感。同时，这一评价过程促进学生之间的合作与交流，培养他们的团队合作精神，推动学生学术与情感的双重成长。为了让评价与教学过程有机融合，学校与教师应该采用开放的评价方式来评价学习活动与效果，可以建立相应的档案袋等对教师与学生进行鼓励，从而实现评价的多元化。

2. 诊断与鉴定

高校公共英语教学评价对教与学的情况进行了整体评判。在教学过程中，学生往往会通过评价量表等对教师的教授情况、学生的学习情况展开检测，这样便于学校、教师、学生了解具体的教与学情况，判断学生学习过程中有无偏差，从而找出产生问题的原因，并加以解决。

3. 反馈与调节

师生通过问卷调查、访谈等方式，发现教与学中的优点与不足，对教与学过程中的得失进行评价。通过评价，教师以科学的方式反馈给学生，促进学生建立更为全面与客观的认识，为下一阶段的教与学规划内容与策略，以有效地开展教与学活动。

4. 展示与激励

高校公共英语教学评价十分关注学生的学习过程，让学生认识到自身学习中的成功之处，不断鼓励自己，获得更大的成功。当然，教师还需要适当地指出学生学习中的错误，让他们产生一种焦虑感，从而更加勤奋地参与到英语学习中。这种正反鼓励方式，都会不断提升学生学习的主动性与积极性。

（三）高校公共英语教学评价的划分

由于评价的方式、内容等存在明显的差异，因此对评价的划分也有所不同，具体而言可以划分为以下几种。

1. 过程性评价

所谓过程性评价，即在学习过程中，评价者对学生的学习活动进行评价与判断，目的在于将学生的学习行为与学习目的进行对比，看是否相符，且用于评判学生能否实现学习目标。评价的内容包含学习策略、阶段性成果、学习方式等。

2. 目标达成评价

目标达成评价既可以是对课堂教学目标达成情况的评价，也可以是对单元学习目标达成情况的评价，还可以是对学期教与学目标达成情况的评价，其包含理解类、知识类与应用类三种目标达成评价方式。理解类目标达成评价方式表现为解释与转化，往往会采用阅读理解、听力理解等方式，对阅读文本、听力文本进行选择与匹配等。知识类目标达成评价方式主要表现为对知识掌握情况的评价，并采用再次确认的方式，一般选择填空都属于这类评价方式。应用类目标达成评价方式即采用输出表达的方法，要求学生根据阅读与听力材料，进行转述或表达。

3. 表现性评价

所谓表现性评价，就是让学生通过完成实际任务来表现知识和技能，从而对其成就所进行的评价。[①] 简单来说，表现性评价就是通过对学生完成任务的表现情况及获得的成就进行的评价。表现性评价属于一种发展性评价，其核心在于学生通过完成现实的任务，展现自身所掌握的知识与技能，从而促进自身学习的进一步发展。通常来讲，表现性评价具有以下几点特征。

①其属于教学过程的一部分，要与课程教学相互整合。

②其关注的是学生知识与技能的发展，而不是对知识与技能的再次确认与回忆。

③一般情境都是真实的，通常需要学生解决现实学习中遇到的问题。

④学生需要完成的任务往往是比较复杂的，通常需要学生将多个学科的知识与技能相融合。

⑤对于学生的发散思维是十分鼓励的，也允许不同的学生给出不同的答案。

⑥其是形成性评价与终结性评价的结合。

综合来看，表现性评价有助于更真实、更直接地评价学生的学习过程与学习结果，可以很好地展示学生的文字、口头等表达能力，以及想象力、应变能力等，所以是十分适用于高校公共英语教学的。

4. 总结性评价

总结性评价是一种针对教学结果的评价方式，它在教学阶段结束后全面评价整个教学目标实现的程度。这种评价通常发生在课堂教学结束、单元完成、学期

---

① 魏亚琴. 新课程下学生评价方式的变革：浅谈表现性评价 [J]. 辽宁教育行政学院学报，2004（11）：63-64.

末以及学生学业结束时。通过总结性评价，我们可以明确地了解教学目标的达成情况，从而对整个教学过程进行反思和改进。总结性评价的常用工具与传统意义上的终结性评价有所不同，属于目标达成评价的范畴，目标不同则评价的方式不同。例如，对知识掌握的评价与技能掌握的评价不同，对理解能力的评价与应用能力的评价不同。有的可以采用表现性测试，有的可以采用真实性任务，有的可以采用档案袋等形式。总而言之，总结性评价采用的多为表现性工具，如作品、作文、绘画、成长记录袋等，除解释性练习可采用选择的形式以外，总结性评价所采用的都是构建性、表现性任务。评价既可采用分数制，也可采用等级制。

①正误判断。正误判断是一种有效的总结性评价方式，特别适用于评估学生的信息辨识和理解能力。除了传统的让学生直接判断陈述正误的形式，正误判断还可以通过问卷调查等多种方式进行。

②匹配。匹配作为一种评价方式，其应用范围广泛，不仅可用于测试知识水平，还可用于评价理解能力。无论是听力、阅读、词汇还是语法，匹配都能提供有效的评价手段。在实际应用中，匹配的形式多种多样，如段落与主题的匹配、段落与大意的匹配、论点与支撑细节的匹配、人物与其经历的匹配，以及人物与其观点的匹配等。教师在设计总结性评价活动时，必须遵循真实性原则。这意味着要考虑匹配形式在现实生活中的实际应用可能性。此外，还需要判断匹配是不是评价的唯一方式或最佳方式。如果匹配方式不是最合适或最具有实际意义的评价手段，那么就没有必要采用它。

③选择。选择不是不能用于总结性评价，只要是可以评价的内容，就可以采用选择的形式。在设计选择问题时，教师需要考虑这种选择方式在现实生活中是否有可能发生，以及是否能够有效评价学生对某种信息的实际应用能力。以公园约会为例，当学生在现实生活中参与公园约会时，他们可能会遇到需要判断实际环境与对方电话描述是否一致的情况，这就需要在多个环境选项中做出选择。因此，为了有效评价学生的理解能力，可以设计一种评价活动，让学生从若干图片中选择对话中所描述的约会地点。这样的设计不仅能测试学生的听力理解能力，还能考查他们在实际情境中的应用能力。类似的现象可以发生在阅读中，如果阅读的是使用说明书，就可以让学生判断所给操作是否正确，让学生选择路线图，或让学生选择正确的操作程序。

④建构性问题。建构性问题是指那些要求学习者通过组织语言来表达自己的理解、观点和态度的问题。按照问题的设计内容，建构性问题涵盖了多个方面，包括信息辨认、态度判断、信息分析、信息利用、观点评价和策略应用等。这些

问题不仅要求学习者具备相应的知识和技能，还需要他们运用批判性思维和创新意识来解答。建构性问题分为封闭式和开放式两种方式，一般多是开放式问题或论述题。论述题主要用来测量概念化、建构、组织、整合、关联和评定观点等方面的能力。

⑤真实性任务。真实性任务是对学习者语言应用能力进行直接评价的最有效方式。教育者通过观察学习者在真实环境中的表现，可以更准确地预测他们在实际生活中完成类似任务的能力。为了确保评价的准确性和有效性，要在听力、阅读、词汇、语法和写作等各个方面都遵循真实性原则。这意味着我们必须确保所使用的材料、活动目的、人物角色和任务形式都尽可能接近真实生活情境。要评价学生是否可以听懂指令，是否可以正确运用指令，就应该让学生按照指令做出相应的反应，就应该按照具体的情况给出指令。

⑥项目。项目同样可以作为总结性评价的一种手段。不同于其他活动，项目要求学生小组合作完成一个现实中的任务，并且做出某种产品，如板报、网页、模型、话剧、视频节目、谈话节目、调查报告等。

5. 形成性评价

形成性评价是一种在教学过程中进行的过程性和发展性评价，旨在通过采用多种评价手段和形式，跟踪教学过程，反馈教学信息，以促进学生的全面发展。它特别适用于监控学生自主学习的过程，特别是在实施基于计算机和课堂的教学模式中，这种评价方式显得尤为重要。通过形成性评价，教师可以及时了解学生的学习情况，发现问题并采取有效措施进行干预，从而帮助学生更好地掌握知识和技能，以实现其全面发展。

形成性评价是一个多元化的评价过程，涵盖了学生自评、同学互评、教师评价以及教务部门的评价等多个维度。为了全面观察、评价和监督学生的学习过程，形成性评价采用了多样化的形式，如课堂和课外活动表现的记录、网上自学记录、学习档案记录、访谈和座谈等。这些形式不仅有助于实时跟踪学生的学习进度，还能让学生更有效地进行学习，因为他们可以通过这些评价了解自己的学习状况，及时调整学习策略，与教师和同学进行互动交流，共同提高学习效果。

形成性评价的目的在于激励学生学习，帮助学生有效调控自己的学习过程，使学生获得成就感，增强自信心，培养合作精神。形成性评价促使学生从被动接受评价转变为主动参与评价，并成为评价的主体。形成性评价可以比较及时地了解教学活动中存在的问题，修正可能出现的偏轨问题，保证正确的方向；还可以及时校正、调整活动计划，以期获得更加理性的效果。

为确保形成性评价能够得到有效实施，需要特别注意以下两点。

①制订评价计划。评价是确保教学有效性的关键保障，而实施有效评价的首要步骤是制订明确的评价计划。教师需要树立评价意识，将评价融入日常教学的各个环节。在学期伊始，教师应清晰规划如何开展学生日常学习的形成性评价，以及如何在课堂教学中实施形成性评价，从而确保评价的全面性和连贯性。作为一个教研室、一个学校，必须有适用于全体学生的评价计划。计划要明确评价的标准、评价的内容、评价的方式，明确评价的具体安排以及反馈方式。

②构建评价机制。为了确保形成性评价计划的顺利实施，一个完善的评价机制是必不可少的保障。这要求学校建立健全评价管理系统，形成一个由多方参与的评价共同体，并制定出相应的评价制度，从而构建一个全面而系统的评价体系。若缺乏一个良好的评价机制，课程的发展将难以保持健康，科学的教学设计也将难以得到保证，进而难以开展有效的教学。因此，构建和完善评价机制对于实施形成性评价计划至关重要。

6. 终结性评价

终结性评价是对教师的教学与学生的学习结果的评价，是在教学结束之后，对教与学目标实现程度所进行的评价。所以，其又可以称为总结性评价。从定义中可以看出，终结性评价往往出现在教与学结束之后，用于评价目标达成情况。所以，这一评价方式有时可以等同于目标达成评价。

对于教学来讲，终结性评价是一个普遍的评价手段，但是其作用是不可磨灭的，具体表现为以下几点。

①评定学生的学习成绩。在教学中，终结性评价最常见的用途便是对学生的学习成绩进行评定。通过平时测试、期中与期末测试，教师可以了解学生是否有所进步、是否实现既定目标，从而为学生下一步的学习提供建议。一般而言，终结性评价的总体成绩是对平时测试、期中测试、期末测试成绩的综合。也就是说，在进行评价时，教师应该把这些成绩综合起来评定，最终获得学生的总体成绩与平均成绩。

②确定学生在后续课程中的学习起点。终结性评价的结果可以为学生进一步的学习提供依据，同时能够反映出学生的情感与认知。然而，要想最大限度地发挥这一评价的作用，还需要与学生具体的分数以及教师对学生的评语相结合。这

样才能帮助教师合理设计后续的教学活动。

③对学生的学习提供反馈。终结性评价大多在某一阶段结束之后或者某一学期结束之后展开。如果其测试的是学生某一阶段的学习情况，那么所选择的试题应该可以对学生这一阶段的学习情况加以反映，也就是说这一阶段的终结性评价可以为学生前一阶段的学习提供反馈，且这种反馈具有鼓励性与积极性，同时还能纠正前一阶段学习中出现的问题。如果其测试的是学生某一学期结束之后的学习情况，那么所选择的试题应该进行合理的编制，并且恰当评价学生的学习情况，还要给出相应的评分。同时，学生可以从自己的测试结果中获取有效信息，了解自己学习中存在的问题以及成功之处，从而改进自己的学习情况。这些信息有助于为下一学期的学习确定目标。

7. 发展性评价

发展性评价遵循发展性、有效性、过程性和多元性原则。发展性原则强调评价设计应以促进所有参与者的共同发展为核心目标。在设定评价需求时，必须充分考虑并关注所有相关人员的需求，确保评价活动能够为每个人的进步和发展提供有力支持。有效性原则则是指教学评价必须可以切实推动学习共同体成员的成长，满足社会对于教学评价的实际需求。过程性原则指出评价活动应紧密融入教学过程中，根据教学需求实时提供评价数据的分析和统计报告，以便及时调整教学策略，优化学习效果。评价的多元性表现在评价主体的多元化、评价内容的多元化、评价手段和方法的多元化等方面。

发展性评价主体的多元化体现在评价的主体不再局限于教师，而是将学生也纳入其中，使其成为评价的重要参与者。这要求我们将学生的自我评价与外部评价相结合，以便更全面地了解学生的发展状况。此外，发展性评价还强调教师集体、学生集体及家长等各方共同参与的重要性，构建一个评价共同体。这样的评价共同体能够确保评价的全面性和公正性，为促进学生的全面发展提供有力支持。

评价内容的多元化强调在评价过程中要全面关注学生的综合素质发展。这不仅仅局限于学生的语言水平，更涵盖了实践能力、心理素质、人际交往能力、学习兴趣、积极情感体验及文化策略等多个方面。这样的评价内容设置有助于教师更全面地了解学生的发展状态，为他们提供个性化的教育支持。

同时，评价手段和方法的多元化也是至关重要的。为了确保评价数据的准确性和有效性，评价不能仅仅依赖单一的测试手段，而是需要采用多种多样的评价方法来进行数据的采集。概念图、清单、量规、进度评分工具、课堂行为互动分析工具及电子档案袋等都是适用于发展性评价的有效工具。这些工具的运用不仅能够丰富评价手段，还能够提高评价的准确性和客观性。

（四）高校公共英语教学评价存在的问题

为了适应新时代的要求，我国高校大规模开展了教学模式改革和教学评估改革，高校公共英语教学的质量有所提升，也促进了英语教学水平的提高，但是我国当前的高校公共英语评价体系仍然存在一些问题。

1. 评价内容不够全面

我国高校公共英语教学的评估模式仍然以考试为主要形式，注重学生学习成绩的评估，而不能很好地体现学生英语听、说、读、写、译的综合英语能力。

现阶段，我国高校的英语题型仍然以客观题为主，主要是词汇、语法、完形填空、阅读理解等，考查学生英语语言应用能力、口语交际能力的试题较少，有些高校将口语交际纳入期末考试范围，但没有真正系统地、有组织地进行测试，评估的核心不是综合应用能力。虽然全国性的英语考试从分值上和题量上都体现了听力的重要性，却不一定能真实体现学生的听力能力。评价方式的不全面，会使教师和学生忽视语言应用能力的培养，而只注重语言知识的学习，从而出现教学为考试服务的情形。高校公共英语教学评价的内容不全面，教学目标就难以实现，学生的英语综合应用能力不强，就会使英语教学不能适应现代需求。

2. 评价体系有待完善

高校公共英语教学评价的主体应该是任课教师、学生和教学管理者。在目前的高校公共英语教学硬件既定的条件下，教学质量的高低，既应取决于教师的教学水平，也应取决于教学管理部门的管理水平，但同时还取决于学生的学习水平，它们三者之间是相互联系、相互制约的关系。然而，现阶段的高校公共英语教学评价的实施者多数是任课教师和教学管理者，学生评价主体的地位有待加强。

3. 评价缺乏指导性

部分学生的学习动机是为了考试而学习，是一种工具型学习动机，在这种学习动机下，学生学习英语的积极性很难被激发出来，更难做到英语学习的持久性。然而，学生学习英语的目的并不是考试，而是在生活、学习中通过语言的辅助，汲取外国先进的科学知识与技术，促进国际交流。英语作为一门应用型学科，重要的不是分数，而是真正的应用。现行的英语教学评价以考试为主，缺乏指导性，忽略了学生学习的渐进过程，遗漏了很多重要的评价内容。

第二节　互联网背景下高校公共英语
教学评价的原则

互联网背景下的高校公共英语教学评价还需要坚持一定的原则，这样对于评价的实践有更好的指导意义。以这些评价原则为基准，教师才能更好地制定与学生实际情况相符合的评价手段与方法。下面对互联网背景下高校公共英语教学评价的基本原则进行探讨。

一、主体性原则

主体性原则，即英语教学评价主体需要考虑教学价值主体本身——学生的需求，对教学价值客体进行评价。在学习中，学生处于主体地位，但是传统的英语教学评价仅将教师作为核心，认为教师充当的是教育主体的地位，是知识的灌输者，而学生仅是知识的被动接受者，这样导致教学评价主要是针对教师的，评价的内容也主要是教师的教学情况。互联网背景下的高校公共英语教学强调有效教学，即发挥学生的认知主体地位，因此教学评价的对象需要从以教师为主体转向以学生为主体，对学生学习情况的评价内容与手段应该从单一转向多元，如对学生学习动机、学习兴趣等都可以进行评价。基于此，教学评价的对象才能转向学生，当然，并不是说不对教师进行评价，只是说在制定教师的评价标准时，应以学生为着眼点，为学生创造更多适合学习的环境。所以，主体性原则要求将学生作为评价主体，即评价活动以学生的发展为目标，评价设计要有助于学生的多元化、个性化发展，发挥学生的主观能动作用，帮助学生形成积极的态度，同时不能损害学生的自尊心，要对学生予以爱护与尊重。

二、多维性原则

多维性原则是指教学评价应从多个层面、多个角度、多种方式出发来对教学过程、教学成果进行评价。互联网背景下，高校公共英语教学评价要体现多维性，主要体现在以下三个层面。

①评价主体的多维性。这是指参与评价的主体具有多样性，既包括教师和学生，也包括管理者和研究者，这样才能更好地体现教学评价的客观性和公正性。

②评价内容的多维性。这是指无论是教学要素、教学过程，还是教师水平、学生参与程度以及教学结果等多种元素，都是教学评价的组成内容；但是并非每

一次的评价内容都要涵盖以上所有元素，还要根据不同的评价目的进行合适的选择。

③评价方式的多维性。这是指应该采取多种多样的评价方式进行教学评价，比较常用的方法有教师点评、学生自评、观察法、成长记录法，以及同学互评等。

当然，客观、量化的评价指标是评价方法不可或缺的因素，而质性评价也不可忽视，需要将两者进行结合。这是因为量化评价能够有效简化教学过程，而质性评价有利于丰富教学过程，对教学过程的真实性和完整性体现非常重要。

三、真实性原则

在互联网背景下的高校公共英语教学评价中，最为基础和最为重要的是真实性原则，这需要与真实的生活情境相结合来看待。只有具备真实的任务，才可能进行真实的评价。真实任务是在真实活动、真实表现及真实挑战中所表现出来的。一般来讲，真实性的特点主要有以下几点。

①教学评价只有建立在真实的现实情境基础上，才能确保其真实性，对知识与技能的整合有利于为学生提供更多的问题情境。考查学生的知识与技能情况和实际应用能力是真实性教学评价的主要工作。

②教学过程中需要进行及时的教学评价，这一点也十分重要。一般参与评价的主体有管理人员、研究者、学生及教师等，特别是学生，其不但要作为被评价者，更要积极地参与评价，这样才能有效体现评价的真实性。

③真实性评价需要按照一定的量规和检核表，即需要制定一个可以对学生表现进行量化评价的分数或者等级，这样才能更好地体现评价的真实性。

④从学生的角度来看，真实性评价主要包括两个方面：一是评价学生的学习过程情况，二是评价学生的学习结果情况。这也使评价的两个主要功能即服务和诊断的作用更加明显，有利于指导和反馈学生的学习情况，而非只作为区分和选拔的依据。

四、针对性原则

互联网背景下的高校公共英语教学评价的针对性较为明确，其通常是针对教学中的具体问题进行的，这在互联网背景下的高校公共英语教学评价中也是十分明显的。对于教师和学生来讲，如果教学进行得十分顺利，师生之间也配合得更为默契，那么就需要进行教学评价，帮助教师和学生对经验进行总结，以便于推广；如果教学进行得不顺利，出现了较多的问题，那么也需要进行教学评价，从而帮助教师和学生解决教与学的问题，以便于之后有效避免这些问题。

此外，如果教师对教学方法与手段进行了相应改变，也需要进行相应的教学评价，以确定该教学方法的效果是否得到充分发挥；如果学生的积极性不高，也需要进行评价，以增加学生学习的自信心，活跃课堂气氛，扭转这一教学局面。

总之，互联网背景下的高校公共英语教学评价具有极强的针对性，但是它针对的不是积累层面，而是过程层面；不是结论层面，而是诊断层面；不是总体层面，而是具体层面。

五、差异性原则

因为每个学生拥有不同的家庭背景和生活环境，所以每一个学生都具有自己的个性特征。教师在进行教学活动时，要充分考虑学生的个体差异。所以，差异性原则也是互联网背景下高校公共英语教学评价不可或缺的一个因素。

教师在进行教学评价设计之前，要先了解和把握所有学生的个性特征和个体差异，而且在制定学习要求前也要评估学生的水平和能力，这样才能有效促进师生之间的相互理解及尊重，也有利于课堂教学氛围的改善。轻松愉快的教学氛围有利于学生自由地阐述见解和观点，并激发其个性特长的发展。教师在针对中等水平以上的学生进行教学时，要尽量发挥其引导作用，并有效促进学生的成长和发展。如果学生水平属于中等以下，教师要充分发挥自己的激励作用，有效调动学生的学习兴趣和热情，从而提高学生的学习效率。

六、实效性原则

互联网背景下的高校公共英语教学评价强调实效性，即主要是从教育的现实意义与评价行为等层面考量的，其要求在具体的评价实践中，可以充分体现评价的实用价值。

高校公共英语教学评价的实效性原则体现在评价方式上是非常方便的，即不要使用烦琐的程序，但是要保证评价的时机与质量，所以在设计评价内容与方式时，不能脱离高校公共英语教学的目标，要重点关注评价之后产生的实际效果。

七、客观性原则

在互联网背景下的高校公共英语教学评价中，客观性原则也是重要原则之一。针对各种教学活动所展开的教学评价是科学的、合理的过程。一般情况下，只有确保评价的客观性，才能使教学评价成为促进教学效果的重要手段。教学目标的实现也是建立在客观评价的基础上的；如果评价缺乏客观性，则有可能导致教学和教学目标背道而驰。

所以，客观性原则也是评价指标制定的重要原则。同时考虑各种影响因素的制约作用，才能使标准更加符合教学目标的需要。另外，教学评价指标或者标准一经确认就不能随意进行更改，这样才能更好地体现高校公共英语教学评价的客观性要求。

八、发展性原则

互联网背景下的高校公共英语教学评价应该为学生的发展服务，注重学生信心的树立，发现学生发展过程中所出现的问题，通过反馈解决这些问题，促进他们更好地向前发展。发展性原则通常包含以下几点。

一是发展性原则要求高校公共英语教学评价应该从学生主体出发，将学生的需求作为出发点与落脚点。

二是发展性原则要求高校公共英语教学评价的目的是促进学生的发展，即只有对学生发展有利的手段与技术才可以运用其中。

三是发展性原则要求高校公共英语教学评价对每一个学生的个性特点与原有基础有所把握与关注，从而为每一个学生获得最佳的发展而做出努力。

通过评价，教师才能更好地引导学生鉴定自己原有的基础认知水平，认识自己在发展中的不足，从而使其有针对性地进行改进与调整，优化自己的学习过程，获得最佳的发展。此外，发展性原则还要求教师关注学生的态度、情感等方面，以帮助学生形成正确的价值观。

九、方向性原则

方向性原则也是互联网背景下高校公共英语教学评价的一个重要原则，即在进行教学评价之前要选择合适的价值取向，如此才能确保教学评价的真实可靠。若教学评价的价值取向不正确或有所偏离，都不利于教学评价正确方向的选择，从而影响教学目标的实现。这个原则也要求评价设计者和教师保持一致的评价观与价值观，并能够在教学评价上获得统一的认知，关注教学过程中的进步和发展，并重点关注过程与方法、情感态度与价值观及知识与技能之间的教育价值。

十、过程与结果并重原则

在互联网时代的浪潮中，高校公共英语教学评价应当秉持一种综合而全面的视角，即结合形成性评价与终结性评价。这种评价方式旨在同时关注学生的学习过程和最终成果，确保两者在评价中达到平衡与和谐。

终结性评价因其易于横向比较的特点，能够较为精确地判断评价对象是否达到了预设的标准。然而，这种评价方式也存在局限性，不利于进行纵向比较，难以反映评价对象在活动过程中的表现及今后的发展潜力。相比之下，形成性评价则更有利于纵向比较，它能够深入追踪评价对象的发展趋势，为调控和指导提供有力支持。此外，形成性评价还能够激发评价对象的进取精神，促使他们不断追求进步和提高；但它却费时费力，同时不便于横向比较。只有把这两种评价结合起来，发挥两者的优点，才能使教学评价发挥更大的效用。

（一）注重形成性评价对学生发展的作用

形成性评价在教学活动中扮演着至关重要的角色，是推动教学进步的关键因素。它侧重于评价学生在日常学习过程中的表现、取得的成果，以及他们在情感、态度和策略等方面的成长。这种评价方式旨在激发学生的学习动力，帮助他们有效地管理学习过程，从而获得成就感、增强自信，并培养合作精神。所以，教师应按照评价结果与学生进行多样化的交流，充分认可他们的进步，鼓励他们进行自我反思和提升。这样的互动不仅有助于提升学生的学习效果，还能促进师生之间的沟通与理解。

（二）终结性评价要注重考查学生综合应用语言的能力

终结性评价，如期末考试和结业考试等，是测查学生语言综合应用能力发展水平的关键手段，同时也是衡量教学效果和办学质量的重要指标。为了科学、全面地考查学生在经过一段学习后所达到的语言水平，终结性评价应以评价学生的语言综合应用能力为目标。在测试过程中，应涵盖口试、听力考试和笔试等多种形式，以全面测查学生在听、说、读、写、译等方面的语言综合应用能力。通过这样的评价，教师能够更准确地了解学生的学习成果，为教学改革和学校发展提供有力依据。

第三节　互联网背景下高校公共英语教学评价的方法

一、高校公共英语教学评价的常见方法

教学评价研究的不断进步使得评价方法朝着多元化方向发展。目前，高校使

用较为频繁的评价方法包括观察法、自评法、互评法、专门调查法，以及成长记录袋法等。教师在对学生进行评价时，要根据实际情况选择评价方法，这样才能获得更好的评价效果。

（一）观察法

观察法是对学生的日常学习情况和表现进行有计划、有规律的观察与记录，从而进行有效评价的一种方法。通常情况下，观察的内容包罗万象，可以先将评价内容进行选定后设置到表格中，或者是进行随机的挑选，也可以共同设置观察表格，这样能够更好地对学生的日常学习情况进行记录和了解。

（二）自评法

学生自评是一种重要的形成性评价，它是以学生为中心进行评价的，主要是对学习态度、学习手段、学习优缺点、学习结果以及努力程度进行评价。学生通过自评能够更加清楚地认识到自己的不足之处，从而采取有效的方式进行调整和完善，并且有利于教师把握和了解学生的学习态度与学习成果。教师在运用自评法时应该做好以下两点：一是从评价目的出发进行自我评价表的制定，帮助学生合理客观地进行自我评价；二是从学生自我评价的结果及过程来判断学生的学习态度如何。通常而言，自我评价法常用的是自评表和自我学习监控两种方式。

（三）互评法

按照学生之间的合作以及交流情况进行同学互评。所以，在同学互评方式中，学生之间的沟通和合作交流能力必不可少。由于学生的沟通能力和合作态度有所不同，形成了不同程度的信任，这也是同学互评的基础和前提。教师可以利用一定的技巧促进学生之间的第一次互评。

同学互评并非随心所欲，有其必要的原则。原则主要表现为不能带有主观情感地评价同学的观点和看法，而是要有理有据。所以，教师在评价一个学生时要综合多个同学对他的评价，而且要把握学生的评价是否客观和公正，并重点突出对被评价者的优点评价和改进意见。

（四）专门调查法

形成性评价中的另一个重要方法是专门调查法，它和观察法相比，具有更加直接的特征。它是针对学生的学习行为、学习活动及学习兴趣进行评价的一种方法，而且对数据也能起到较好的收集作用。它的针对性较其他方法更为突出，一般可以采用问卷调查或访谈、座谈等方式。

（五）成长记录袋法

成长记录袋法是全面、清晰地记录或登记学生的日常学习情况和社会实践情况的一种方法。记录袋的内容会随着个人阅历的不同而产生变化，或者说成长记录袋是学生个人成长的一种见证。

成长记录袋在高校公共英语教学评价中的作用非常突出，有利于教师对学生的成长情况和课堂变化情况进行了解与把握。记录袋并非一成不变，它会随着学生的个人成长而出现变化。它不但会记录学生的每一次进步和成长，而且会登记学生的每一次退步和学习变动。这种评价方法将学生放在中心位置。学生作为最重要的参与者，直接影响着成长记录袋的形成，而教师只是成长记录袋的指导者。

一般来讲，成长记录袋的主要内容包括：一是记录学生的入学情况；二是记录学生的日常学习表现；三是记录学生的日常作业和评价；四是记录家长和教师的评语；五是记录学生的期中和期末考试成绩；六是记录学生的同学互评情况和建议。

二、基于互联网的高校公共英语教学评价方法

（一）网络评价系统

在互联网的影响下，高校公共英语教学评价体系也得到了进一步完善与发展。当前，网络评价系统有以下几种。

1. 网络实时评价系统

网络实时评价系统依托于网络通信手段，通过文字、图像、音频、视频等方式进行相互交流，在沟通过程中实现具体的评价。利用这一评价系统，学生可以不再受时间、空间方面的限制，及时获取教师的有效反馈。这一系统可以帮助教师对学生的学习进行有效监控和管理，可以使学生的学习效率大大提升。

2. 网络考试系统

网络考试系统一般涉及针对学生的考试系统、题库系统、自动批阅系统等。学生可以随时随地登录这一系统，从题库中抽取试题进行回答。在完成回答之后，系统就会给出结果，并会评判学生的题目回答情况。教师可以利用这种系统进行阶段性测试或者综合性测试，学生也可以自由控制题型、时间、难度等。网络考试系统一般可以自动生成答案，并且给出评价报告，汇报学生的学习风格、学习效果、学习倾向等。

3. 网络答疑系统

网络答疑系统一般包括在线讨论、互动交流两种形式。如今，很多外语教学网站中都设置了在线互动讨论区，学生在这个讨论区中可以自由发帖发表自己的看法与学习成果，并通过回帖与其他学生进行沟通与互动。网络答疑系统可以对学生提出的知识难点进行记录，教师可以通过系统记录的难点对学生的学习情况加以分析，从而发现自己教学中存在的问题，进而及时对教学策略进行调整。通过网络答疑系统的搜索引擎功能，学生可以使用关键字搜索等技术快速得到问题的答案。

4. 网络多媒体考试系统

网络多媒体考试系统是针对网络在线考试系统进一步改进之后所形成的。在传统文本考试试卷的基础上，网络多媒体考试系统增加了一些多媒体数据，如音频、视频、图像等，利用虚拟现实技术营造虚拟的考试环境，非常适合在英语网络教学评价中使用。网络多媒体考试系统使得全面、多元的评价成为可能。

（二）互联网技术评价法

互联网技术评价法的评价过程可以划分为制定评价标准、应用评价标准进行测量、划分测量结果等级、给出评价结论四个步骤，如图 7-2 所示。

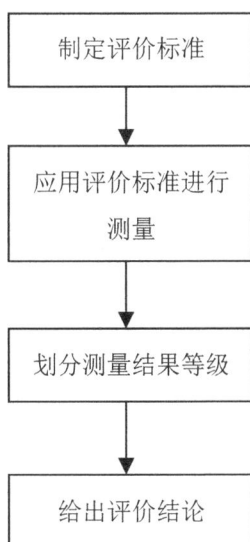

图 7-2　互联网技术评价法的评价过程

1.制定评价标准

制定评价标准的过程实际上是将评价目标的核心属性逐步细化为一系列具体、可量化的指标的过程。这些经过精心设计的指标组合成一个相对完善的评价指标体系，它可以全面反映评价目标的核心特性。在构建这一体系时，制定者应着重考虑哪些指标能够准确体现目标的主要特性，并对于存在重叠或交叉的指标进行合理整合，以确保评价体系的科学性和有效性。

2.应用评价标准进行测量

测量是按照评价指标体系，用数值来描述评价对象的属性的过程。测量是一个事实判断的过程，即测量反映的是评价对象的客观状态，不对这种状况进行主观评判。凡是测量都需要有测量的标准或法则。教学中的测量工具不像测量身高用的皮尺、测量体重用的秤一样直观，需要评价者按照评价标准中的每一个指标对评价对象做出实事求是的判断。

3.划分测量结果等级

教师需要明确评价对象在接受测量后的具体结果，并判断这一结果所处的水平。通常，教师会通过划分等级的方式来界定测量结果。以百分制为例，90分以上的成绩被定义为优秀，80～90分为良好，70～80分为中等，60～70分为合格，而60分以下则被视为不合格。这种等级划分融合了定量评价和定性评价的方法，既体现了具体分数的量化标准，又通过等级划分实现了对结果的定性描述。这种方式能够充分发挥定量评价的精确性和定性评价的描述性优势，使得评价结果更加全面和准确。

4.给出评价结论

评价的最后一步是按照测量结果对评价对象进行价值判断，给出评价结论。评价结论包含评价对象能否通过评价判定，有时候也会界定评价对象达到什么水平，并且对评价对象的优势与不足做出判断。

从以上过程来看互联网技术评价法，可以发现教学中通常采用的纸笔考试并不是评价的全部。考试是评价中的测量环节，考试成绩（即测量的结果）并不是评价要得到的唯一和最终结果，如何使用学生的考试成绩是每一位教师都应该关注的问题。

（三）网络测试法

在互联网教育背景下，测试是最基本的方式。一般来讲，测试分为网络随堂测试、网络期中测试、网络期末测试三种。

网络随堂测试是指在一节课中对当次课堂教学的知识和技能进行评价的方式。这种评价应该围绕教学目标，对当次课的教学重点和难点进行测验，以检测学生的学习效果。在开始上课时教师还可以组织诊断性评价，对以往学习的知识和技能进行测验，了解学生对原有知识和技能的掌握情况，为本次课的教学提供支持。课堂测验属于形成性评价，为改进教学提供了依据。

网络期中测试通常是在一个单元学习或模块学习结束以后，对整个模块涉及的主要教学目标进行测验。单元测验主要检查学生对整个单元或模块的知识和技能的掌握情况。网络期中测验涉及的教学目标比课堂测验多，在进行测验时应该设置对单元或模块知识和技能综合运用的项目，涉及的教学目标类型往往为掌握、分析、综合、评价层次，以检测学生的总体把握情况和对单元知识灵活应用的能力。网络期中测验属于形成性评价，是为改进整个单元、模块的教学服务的。

网络期末测试是对课程的总结性评价，是检查学生学习成果和教师教学效果的重要方式。网络期末测试应该从课程整体目标中的重点、关键点、难点出发，检查学生对基本概念、基本技能、核心知识、主要方法等的掌握情况。网络期末测试可以采用上机测验、作品制作等相结合的方式进行。在评价时，教师可以兼顾学习过程中学生的表现，最后对学生做出总体评价。

（四）学习档案评价法

学习档案评价法是互联网背景下应用较为广泛的评价方法。学习档案评价法是指对学生个体的各种信息进行收集。一般来说，其收集的内容具有多样性与动态性。

学习档案积累的材料代表的不仅仅是结果，还有学习过程与学习活动，其包含选择学习内容、比较学习过程、进行目标设置等。学习档案评价法可以有效提高学生的自主学习能力。

在档案建立之前，教师可以组织家长与学生阅读学习大纲，理解档案构建的必要性，并对如何构建、使用档案进行指导，为以后有效地使用档案袋做准备。

（五）自我评价表

互联网背景下，自我评价表也是应用较为广泛的一种评价方法。自我评价表的设计可以采用量规表的形式，也可以采用问卷调查表的形式。

1. 量规表

量规是一种精心设计的定量评价标准，它结构化地涵盖了与评价目标息息相关的多个方面，并为每个方面详细制定了评级指标。这种评价方式因其明确的操作性和高度的准确性而备受推崇。根据量规制作的表格就是量规表，如表7-1所示。

在评价学生的学习表现时，运用量规表能够显著减少评价过程中的主观性和随意性。不仅教师可以进行评价，学生自身或者他们的同伴也可以参与评价过程。如果提前公布量规表，就能为学生的学习提供明确的方向和指引。此外，教授学生如何制定量规本身也是一种极为有效的评价方法，这种方法可以帮助学生更好地理解评价标准，从而使他们自主地规划自己的学习进程。

表7-1　量规表

What do you think of your English learning ? Name： Date： Unit：				
Items	Excellent	Good	Fair	Needs improving
Listening				
Speaking				
Reading				
Writing				

2. 问卷调查表

问卷调查是指通过提问题，让学生根据自己的实际情况进行判断，并做出回答。问卷调查表作为一种有效的自我反思工具，能够帮助学生通过回答预先设定的问题，触发对自身学习过程和成果的深入思考。这种自我审视的过程有助于学生发现自身学习中的不足，进而激发他们修正学习策略、提升自主学习能力的动力。

（六）作品集评价法

1972年，美国高校为录取美术专业学生而设计和实施了作品集评价法。之后，这一方法得到了很多高校的认可。如今，作品集评价法已经被运用到多个领域，如阅读、写作、教师培训等。我国教育者及研究者也认识到这种评价方法的优势。例如，在录取大学生时，除要考虑其高考成绩外，还要考虑学生曾经取得的荣誉以及自身的特长。目前来看，考试成绩仍旧起主要作用，作品集评价法往往只是作为一种参考，但是这一方法已经成为一种新趋势、新动向。

事实上，作品集评价法属于一种形成性评价，即以学生在一段时间内按照教师和自己的要求完成的一系列有序、系统的工作、学习日志、研究报告、测试等为基础，对学生这一段时间所付出的努力、学习的态度、学习的方法、收获的成果进行评价。从评价的依据、目的来看，这一评价方法是可靠的、真实的、全面的。

作品集评价法有以下几个特点：①以目标为基础；②是学生学习意愿与学习进展情况的反映；③是学生学习项目、代表作品、学习情况、测试记录的汇集；④是学生进步的证明；⑤跨越一个教学时段；⑥便于反思与反馈，有利于提升与改善学生的学习水平；⑦用途广泛，且灵活多变。

作品集评价法的这些优点对于教师和学生而言有重要的意义。

首先，作品集评价法能够将学生的学习态度、学习过程、进步程度、学习深度与广度都体现出来，这在标准化笔试中是很难体现出来的。另外，通过对评价内容、评价目标的确定，学生对自己的学习任务会有一个清晰的把握，就更能督促自己全心全意地完成学习任务，为自己的学习目标而努力。由此可见，作品集评价法有助于调动学生的积极性和主动性，督促学生对自己的学习负责，更好地实现自主学习。

其次，作品集评价法有利于教师对教学任务有一个更好的设计和控制，从而创造出更好的学习氛围。这是因为，教师没有了自身标准化评价的压力，将更多的注意力集中于教学活动的设计和教学氛围的营造上，有助于构建学生喜欢的课堂环境。

对于互联网背景下的高校公共英语教学而言，作品集评价法可谓是雪中送炭，因为它帮助当前的高校公共英语教学评价走出了困境，与其称其为一种方法，不如称之为一种新思路、新观念。那么，在互联网背景下的高校公共英语教学中，如何实施作品集评价法呢？可以从学期开始、学期中间、学期结束三个角度来考虑，其中包含多个步骤。

①学期开始：确定作品集内容；确定作品形式；确定评价的标准；确定时间计划。

②学期中间：学生按照计划完成学习任务；教师对学生予以指导；教师与学生进行面谈。

③学期结束：教师将电子评价表发给学生，让学生进行自评；交换作品集，同学间进行互评；教师对作品集进行终评。

参 考 文 献

［1］吴碧宇. 大学英语教学改革的生命教育维度［M］. 郑州：黄河水利出版社，2016.

［2］钱满秋. 现阶段大学英语教学改革研究［M］. 北京：北京理工大学出版社，2017.

［3］张晶，张建利，刘英杰. 英语教学改革与翻译实践研究［M］. 长春：吉林美术出版社，2017.

［4］张敏，王大平，杨桂秋. 英语教学改革与创新研究［M］. 北京：九州出版社，2018.

［5］王亚非. 现代大学英语教学改革的多元视角探索［M］. 北京：九州出版社，2017.

［6］汤海丽. 高校英语信息化教学改革与微课教学模式探究［M］. 北京：冶金工业出版社，2018.

［7］朱金燕. 大学英语教学改革探索［M］. 武汉：中国地质大学出版社有限责任公司，2018.

［8］何树勋. 跨文化交际下的大学英语教学改革模式研究［M］. 成都：四川大学出版社，2018.

［9］莫英. 信息化背景下大学英语教学改革与创新思维［M］. 成都：四川大学出版社，2018.

［10］于辉. 当代大学英语教学改革多元化趋势研究［M］. 长春：吉林大学出版社，2018.

［11］鲁巧巧. 跨文化教育视域下的英语教学改革探究［M］. 沈阳：辽宁大学出版社，2018.

［12］李焱. 大学英语课堂教学的理论与实践探索［M］. 北京：光明日报出版社，2017.

［13］吕文丽，庞志芬，赵欣敏. 信息化时代下的大学英语教学改革探索［M］.

长春：吉林大学出版社，2018.

［14］钟丽霞，任泓璇. 翻转课堂模式下的大学英语教学改革及创新优化［M］. 长春：吉林大学出版社，2019.

［15］张娇嫒. 高校英语混合式教学与信息技术应用［M］. 天津：天津科学技术出版社，2019.

［16］胡亚辉. 基于翻译能力培养的高校英语教学改革研究［M］. 北京：北京工业大学出版社，2019.

［17］郭向宇. 教育信息化背景下高校大学英语教学改革模式［M］. 延吉：延边大学出版社，2020.

［18］侯丽梅. 自主学习能力培养下的大学英语教学改革［M］. 北京：中国书籍出版社，2020.

［19］胡雯. 信息化背景下大学英语教学改革创新［M］. 北京：中国书籍出版社，2021.

［20］孙瑜. 信息化背景下高职英语教学改革路径创新研究［M］. 延吉：延边大学出版社，2022.

［21］于明波. 基于现代教育技术的大学英语教学改革路径探析［M］. 北京：中国纺织出版社有限公司，2022.

［22］刘坚，郫华，余慧娟，等. 如何正确认识新课程中的学习方式？［J］. 基础教育课程，2005（8）：16.

［23］李志华. 课堂教学的评价与发展取向［J］. 科技信息（学术研究），2006（7）：25-26.

［24］崔轶. 美国教育技术发展的特点及启示［J］. 教育与职业，2012（10）：104-105.

［25］李小会. 基于信息技术的研究性学习［J］. 文教资料，2019（5）：155-156.

［26］李丹. 基于网络的大学英语教育改革新思路［J］. 现代职业教育，2021（6）：208-209.

［27］李清清. 英语和法语国际传播对比研究［D］. 北京：北京外国语大学，2014.